10대를 위한 뇌과학 수업

10대를 위한 위한 뇌과학 수업

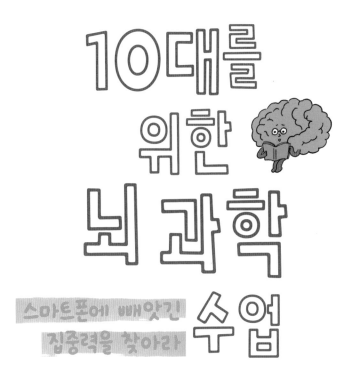

스마트폰에 빼앗긴 집중력을 찾아라

안데르스 한센, 맛스 벤블라드 지음
최진영 그림 · 신동규 옮김

시간 도둑, 집중력 도둑을 물리칠 무기가 생겼어요

저도 가끔 스마트폰 게임을 합니다. 재미있어서 한번 시작하면 멈추기 어렵습니다. 잠깐 했다고 생각했는데 한 시간이나 지나 있을 때가 많지요. 쇼츠 같은 짧은 동영상을 볼 때도 같은 일이 생깁니다.

그럴 때마다 스마트폰의 매력이 강력하다고 느낍니다. 너무 강력해서 떼어 놓기가 어렵습니다. 우리 학생들도 그 매력에 빠져 장시간 스마트폰을 사용하고, 그 부작용으로 수면 부족과 집중력 저하에 시달립니다. 그게 늘 안타까웠습니다.

이 책을 읽고 눈이 번쩍 뜨였습니다. 시간과 집중력을 훔치는 도둑을 물리칠 막강한 무기를 찾았거든요. 탄탄한 이론적 근거, 풍부한 예시, 차근차근 친절한 설명으로 독자를 설득하는 힘이 대단한 책입니다.

미래를 위해, 날마다 있는 힘을 다하는 우리 학생들에게 꼭 읽히고 싶은 책입니다. 자녀에게 금보다 귀한 집중력을 선물하고 싶다면, 이 책을 선물하세요.

– **이현주** 영중중학교 교장

잠자리에 들 때 스마트폰을 다른 방에 두게 되었어요

"교장선생님, 스마트폰을 수거하는 규칙을 바꿔 주세요."

올해 뽑힌 학생회장이 저에게 한 말입니다. 우리 학교 학생들은 등교하면 스마트폰을 반납하고 하교할 때 찾아갑니다. 그걸 바꿔 달라는 요구이지요. 스마트폰 수거 규칙 폐기는 학생회장 선거 때마다 등장하는 인기 공약입니다. 그만큼 스마트폰을 손에서 놓기가 싫다는 뜻이겠지요.

학생회장의 요구는 받아들이지 않았습니다. 아마 학생들은 절 보고 꼰대 같다고 했을 텐데, 이 책을 읽고 보니 잘했다는 생각이 듭니다. 막연하게 알고 있었던 스마트폰의 부정적인 영향이 훨씬 심각하게 다가왔고, 뇌 과학을 근거로 제시하는 실질적인 대안이 반가웠습니다.

우리 학생들에게 이 책을 읽히고 싶은 욕심이 생겼습니다. 학교가 끝난 뒤에도 슬기롭게 스크린 타임을 조절했으면 하는 바람 때문입니다. 사실 저도 이 책을 읽고 나서 잠자리에서 스마트폰을 보는 습관을 바꾸고 있습니다. 자녀들에게 모범을 보이기 위해 먼저 변하고 싶은 부모님들께도 이 책을 권합니다.

– **임민택** 포천고등학교 교장

차 례

아마 여러분은 아니겠지만...

혹시 주변에 잠을 너무 적게 자는 사람이 있지 않나요? 잘 집중하지 못하고, 불쑥불쑥 화를 내고, 스트레스를 심하게 받고, 몸을 거의 움직이지 않는 사람이나 다른 사람의 생각에 관심이 너무 많은 사람은요? 아마 누구나 이런 사람을 한둘은 알 겁니다. 여러분의 친구나 형제자매, 부모님이나 옆 동네에 사는 이모일 수도 있지요.

이 모든 문제의 뿌리가 사실은 하나라는 걸 아시나요? 이 물건은 다른 물건과 마찬가지로 그 자체로는 좋지만, 잘못 사용하면 우리 삶을 엉망으로 만들어 버립니다. 여러분은 이 책을 선택할 만큼 똑똑하니까 이 물건이 스크린이라는 걸 이미 눈치챘겠죠. 정확하게 말하면, 스마트폰, 태블릿 PC, 컴퓨터의 스크린이지요.

스크린 타임이란 스크린을 보면서 보낸 시간을 가리키는 말입니다. 스크린 사용 시간을 제한하는 앱의 이름이기도 하지요. 스크린 타임을 제한하는 게 꼭 필요할까요? 그렇다는 건 여러분도 잘 알 겁니다. 하지만 스마트폰을 손에서 놓기가 정말 어렵지요. 왜 그런 걸까요?

앞으로 스크린 기기가 왜 그렇게 매력적인지 살펴보고, 그것이 일으키는 문제를 피하는 방법도 알아볼 거예요. 걱정할 필요는 없어요. 스마트폰을 던져 버리고 나무토막이나 가지고 놀라는 게 해결책은 아니니까요. 굳이 나무토막을 가지고 놀겠다면 말리지는 않겠지만, 스크린 기기를 더 스마트하게 사용하는 해결책을 찾아보려고 합니다.

해결책을 찾으려면 우리 뇌를 알아야 합니다. 왜 그래야 할

까요? 스크린 기기의 특별한 점은 역사상 등장했던 어떤 기기들보다 똑똑하다는 거예요. 그래서 스크린 기기가 그렇게 유용하고, 재미있지요. 앱과 프로그램의 목표는 두 가지예요. 하나는 우리에게 도움을 주는 것이고, 또 하나는 우리의 관심을 끌고, 한번 끈 관심을 계속 유지하는 거예요.

스크린 기기는 우리가 어떻게 생각하고 느끼는지 잘 압니다. 그만큼 우리를 잘 조종할 수 있지요. 스크린 기기 앱이 절대로 바라지 않는 게 있습니다. 우리가 스크린 기기를 내려놓고 무언가 다른 일을 하는 거예요.

그러므로 우리가 한발 앞서 나가야 합니다. 그러기 위해서 스크린을 쓸 때 우리 뇌에서 어떤 일이 벌어지는지, 우리가 왜 그렇게 반응하고 느끼는지, 그 결과가 무엇인지 알아보려고 합니다.

이 책에는 여러 사람이 나옵니다. 그중에는 여러분이 아는 누

군가와 똑같은 사람이 있을 거예요. 행동이 비슷한 사람도 있을 테고요. 책을 읽다가 이렇게 말할지도 모릅니다. "이 사람, 내 친구랑 하는 짓이 똑같아." 이렇게 말할 수도 있고요. "어, 이건 우리 아빤데." 여기 나오는 모든 사람을 섞어 놓은 것 같은 친구가 떠오를 수도 있습니다. 옆 동네에 사는 이모처럼 말이에요.

여러분한테도 이 책에 모델로 등장하는 사람들과 비슷한 특징이 한두 가지는 있을 거예요. 아마 모든 사람이 그럴 겁니다. 그렇다고 여러분한테 문제가 있다는 건 아닙니다. 자신한테 꼭 필요하진 않아도 몇 가지 방법을 알아 두면, 다른 사람을 도울 수 있어요. 그러면 필요한 순간에 영웅이나 구원자가 될 수 있겠죠?

이모는 완전히 길을 잃어서 희망이 없는 것 같다고요? 함께 길을 찾아보죠.

집중력 제로 지오를 도와주세요

지오의 문제

◎ 집중하기 어렵고, 어쩌다가 집중하는 데 성공하더라도 금세 집중력을 잃어버린다.

◎ 한 가지 일을 끝내고 다음 일을 시작해야 하는데, 좀처럼 그러지 못한다.

◎ 다른 사람들이 자신에게 스트레스를 주며 너무 많은 것을 요구한다고 생각한다.

XXXXXXXXXXXXXXXXXXXXXXXXXXXXXXXXXX

* 집중력 제로 지오의 하루 *

아침

시작은 괜찮았어요. 학교에 지각하지 않았고(드문 일이지요.), 숙제를 다 했다는 게 자랑스럽기도 했지요. 엉뚱한 숙제를 한 거였지만, 아무튼 하루의 시작은 성공적이었어요.

낮

학교가 끝난 뒤, 지오는 어제까지 끝냈어야 하는 숙제를 했어요. 하지만 책 읽기는 너무 오래 걸렸고, 수학 문제 푸는 것도 진도가 나가지 않았어요. 끊임없이 방해받다 보니, 숫자들 속에서 길을 잃고 말았지요. 지오는 무엇 때문인지 도대체 알 수가 없었어요. 숙제하는 동안 스마트폰은 만지지도 않았는데 말이에요.

저녁 먹을 때가 될 때까지 지오는 짧은 글 몇 편을 겨우 읽었고, 수학책을 앞뒤로 넘기며 문제를 몇 개 풀었으며, 영어 단어는 딱 하나를 공부했어요. 'unfocused'라는 단어였는데, 식탁에 앉았을 때는 이미 뜻이 기억나지 않았어요.

저녁

텔레비전에서 영화가 나오고 있었지만, 지오는 노트북으로 드라마를 보았어요. 그러면서 스마트폰을 만지작거렸어요. 이렇게 생각하면서요. '게임 좀 할까? 세 가지를 동시에 하면 더 효율적인데 안될 건 뭐야. 멀티태스킹이란 멋진 말도 있잖아?'

지오는 잠을 자려고 침대에 누웠어요. 멀티태스킹을 시도한 자신이 대견스러웠어요. 영화도 드라마도 무슨 내용이었는지 기억나지 않는데도 말이에요. 스마트폰 게임은 어땠을까요? 한 단계도 깨지 못했지요.

막상 자려고 하니 잠이 오지 않았어요. 온갖 생각이 머릿속을 어지럽혔기 때문이에요. 내일 학교에 가면, 선생님이 숙제를 제대로 하지 않았다고 나무랄지도 모르는데, 지오는 벌써 억울한 생각이 들었어요. 숙제하느라 정말 오래 책상에 앉아 있었으니까요.

인간은 본래 집중하지 못합니다

지오는 한 번에 한 가지 일에 집중하는 데 분명히 문제가 있어요. 지오만 그런 건 아니랍니다. 인간은 본래 한 가지에 집중하도록 만들어진 존재가 아니에요. 물론, 다른 사람들보다 집중을 잘하는 사람이 있기는 하지요.

우리 집중력이 쉽게 흐트러지는 이유를 찾으려면, 삶이 지금과는 전혀 달랐던 먼 과거로 가야 합니다. 그때는 사방에 위험이 도사리고 있었고, 그런 세상에서는 항상 대응할 준비를 갖추어야 생존할 수 있었어요.

생존과 집중의 관계를 제대로 이해하려면, 우리 자신, 그중에서도 뇌를 탐구하는 것에서 시작해야 합니다.

뇌는 새로운 것을 좋아합니다

뇌의 여러 부위는 다양한 물질을 이용하여 서로 신호를 주고받아요. 그런 신경전달물질 가운데 하나가 도파민입니다. 뇌에서 도파민이 분비되면 만족감을 느낀다고 널리 알려졌지만, 도파민의 중요한 기능은 우리가 자신한테 이득이 되는 일에 주의

를 기울이도록 하는 것입니다. 우리가 올바른 방향으로 나아가
도록 슬쩍 민다고 생각하면 됩니다. 예를 들어, 스파게티를 보
면 도파민이 분비돼요. 그러면 다른 뇌 부위가 지금 배가 고프
니까 포크를 들고 바로 먹는 게 좋다고 느끼는 식이지요.

여러분이 무언가 새로운 것을 경험할 때도 도파민이 분비됩니다. 왜 그럴까요? 호기심과 지식은 항상 생존에 중요한 열쇠였어요. 한 인간 집단이 새로운 지역에 막 도착했다고 해 보죠. 아마 호기심이 많은 사람이 열매가 잔뜩 달린 나무를 가장 먼저 발견할 거예요. 사슴이 어떻게 움직이는지 가장 잘 아는 사람이 사냥에 성공할 가능성이 가장 크겠죠. 악어가 어디 사는지 잘 알면 잡아먹힐 확률이 그만큼 낮을 테고요. 지식은 새로운 것을 보고 배워서 기억에 저장함으로써 늘어납니다.

도파민의 가장 중요한 역할은 지금 무엇에 집중해야 하는지, 지금 가장 중요한 것이 무엇인지 알려 주는 것입니다. 지오가 진짜 힘들어하는 게 바로 그 일이지요.

집중은 위험합니다

그렇다면 집중하는 게 당연히 우리한테 좋겠죠? 집중하면 도파민이 많이 분비될 테고요.

그게 그렇게 간단하지 않아요. 우리가 깊은 집중 상태(지금 하는 일에 완전히 몰입한 상태)에 들어가면 보상으로 도파민이 분비되는데, 그 상태에 들어가려면 뇌가 방해받지 않아야 합니다.

하지만 우리 뇌는 방해에 매우 약하지요.

사냥할 때는 오로지 지금 쫓는 토끼에 집중해야 합니다. 하지만 동시에 집중 대상을 번개처럼 빠르게 바꿀 준비도 되어 있어야 하죠. 뱀이 나타난다거나 하는 위협이 언제 등장할지 알 수 없으니까요. 과거 인류에게는 엉뚱한 순간에 깊은 집중에 빠지는 건 생명을 위협하는 일일 수도 있었어요.

지금은 어떨까요? 오늘날에도 우리는 온종일 끊임없이 온갖 것과 마주치지만, 그중에 실제로 생명을 위협할 만한 건 별로 없어요. 하지만 그런 사소한 것들도 우리 집중력을 얼마든지 흐트러뜨릴 수는 있습니다.

뇌는 효율을 추구합니다

뇌는 최대한 에너지를 아끼려고 합니다. 이상할 게 없는 일이에요. 우리 몸이 사용하는 에너지의 3분의 1이 뇌가 계속 돌아가도록 하는 일에 쓰이거든요.

뇌는 힘과 에너지를 최소한으로 쓰는 해결책을 선호합니다. 도파민 분비에도 큰 노력을 들이지 않으려고 하지요. 이건 사바나에 사는 사람한테는 매우 중요한 일입니다. 그렇다면 오늘날 지오와 여러분이 가장 빠르고 가장 값싸게(최소 에너지로) 도파민을 얻는 길은 무엇일까요? 바로 스크린 기기를 사용하는 겁니다.

해킹당한 뇌

스크린 기기는 우리 뇌에서 도파민 분비가 일어나도록 하는 일을 아주 잘합니다. 이건 우연이 아니에요. 그런 능력이 없었다면, 우리가 스크린 기기를 이렇게 많이 쓰진 않겠죠.

우리에게는 끝없이 새로운 것을 발견하려는 욕구가 있습니다. 그래서 쉬지 않고 화면을 터치하고, 여러 웹사이트와 앱을 번갈아 보면서 새로운 경험과 '좋아요'를 찾아 헤맵니다. 그러는 동안 우리 뇌에서는 도파민 홍수가 일어나고, 도파민 홍수는 더 많은 터치로 이어집니다.

결국 우리는 도파민에 중독됩니다. 뇌가 에너지를 별로 쓰지 않으면서 지속적으로 쉽고 빠르게 도파민 보상을 받는 방법을 터득한 거죠. 좀 다르게 표현하면, 스크린 기기가 우리 뇌를 해킹한 것입니다.

물론, 도파민 중독의 부작용이 있습니다. 지오가 날마다 느끼고 있죠. 다른 일에 쓸 집중력이 별로 남지 않게 되는 겁니다.

여러 일을 동시에? 사실상 불가능합니다

많은 사람이 여러 가지 일을 동시에 처리하는 것이 일을 가장 잘하는 방법이라고 생각합니다. 일을 하면서 가끔 스마트폰을 확인해도 별로 방해가 되지 않는다고 생각하는 사람도 많죠. 하지만 둘 다 사실이 아니에요. 우리 뇌가 동시에 여러 가지 일을 잘 처리하는 것처럼 보이지만, 실제로는 한 번에 한 가지에만 집중할 수 있습니다.

공부하면서 친구에게 문자를 보낸다고 해 보죠. 우리는 두 가지 일을 동시에 한다고 생각하지만, 실제로는 두 가지 일 사이를 왔다 갔다 합니다. 공부에 집중했다가 문자 보내기에 집중했다가 다시 공부에 집중하는 식이죠. 이런 전환은 10분의 1초도 안 되는 짧은 시간에 이루어지지만, 우리 뇌는 방금 끝낸 일에서 즉시 벗어나지 못합니다. 집중 대상을 완전히 전환하는 데 몇 분이 걸립니다.

두 가지 일을 따로 하는 것보다 동시에 하는 게 시간도 더 걸리고 결과도 더 나쁘다는 뜻입니다.

난 멀티태스킹을 정말 잘한다니까요!

인정하고 싶지 않죠? 얼마든지 동시에 여러 가지 일에 집중할 수 있다고 말하고 싶을 거예요. 하지만 불행하게도 우리 뇌는 멀티태스킹에 적합하지 않아요.

300명에 가까운 사람들을 대상으로 실험을 진행했어요. 그중에서 반 정도는 자신이 공부하면서 인터넷 서핑을 해도 방해받지 않는다고 주장했어요. 나머지는 한 번에 한 가지 일을 하는 걸 선호했죠.

집중력 테스트를 했더니 멀티태스커들이 확실히 더 나쁜 결과를 냈어요. 그들은 주변의 거의 모든 것에 주의가 흐트러지는 것 같았어요. 게다가 기억력 테스트에서도 낮은 성적을 거두었죠.

그들이 자신의 주의를 조절하는 일, 즉 한 가지 일에 깊게 집중하는 일에 익숙하지 않은 것이 원인으로 보입니다. 이것이 무언가를 배우고 기억하는 첫 단계인데 말이죠(34쪽을 보세요.).

연구자들은 멀티태스커들이 분명히 무언가는 더 잘할 것으로 예상했습니다. 예를 들어, 한 가지 일에서 다른 일로 더 빨리 전환하리라고 생각했죠. 하지만 그렇지 않았어요. 오히려 전환 속도도 더 느렸어요.

이 실험에 따르면, 미안하지만 여러분도 멀티태스킹을 잘하지 못할 거예요. 이 일을 정말 잘하는 사람이 아주 드물지만 있긴 합니다. 그들을 뺀 나머지 사람들은 대개 멀티태스킹을 형편없이 못 합니다.

멀티태스킹

여러 가지 일을 동시에 하는 것. 대부분 사람한테는
권장할 일이 아니다.

스마트폰은 하루에도 몇백 번씩 우리 뇌에서 도파민 분비를 일으킵니다. 그게 너무 매력적이어서 스마트폰을 만지작거리지 않고는 못 배기게 되지요. 스마트폰을 만지지 *않으려면*, 그러기 위해 우리 집중력 일부를 사용해야 합니다.

그러니까 무언가 집중이 필요한 일을 할 때는 스마트폰을 아예 다른 방에 두어야 합니다. 스마트폰을 주머니에 넣거나 알림을 꺼 두는 것으로는 충분하지 않아요. 몇몇 대규모 연구 결과에 따르면, 스마트폰을 근처에 두기만 해도 집중력이 조금 떨어진다고 합니다.

일본에서 이루어진 연구에서 참가자 절반에게 전원을 끈 스마트폰을 책상에 놓아 주었습니다. 스마트폰은 참가자들 것이 아니었고, 만지는 것을 금지했습니다. 나머지 절반에게는 작은 메모장을 책상에 놓아 주었고, 역시 건드리지 못하도록 했습니다. 그런 다음 집중력을 테스트했습니다. 결과가 어땠을까요? 네, 여러분 추측이 맞아요. 메모장을 받은 참가자들이 좋은 성적을 냈어요.

혹시 수업 시작 전에 선생님이 스마트폰을 수거하지 않나요? 이제 왜 그러는지 알 거예요.

스마트폰을 멀리 둬야 하는 이유

해결할 과제가 어려울수록 스마트폰이 더욱 매력적으로 느껴집니다. 수학 문제를 풀다가 꽉 막히거나 책이 어려워서 한 장을 넘기기가 힘들 때마다 마치 스마트폰이 여러분을 부르는 것 같았을 거예요. 여러분의 뇌는 과제를 *끝내면* 보상을 받으리란 걸 잘 알고 있어요. 하지만 과제를 끝내려면 노력과 집중이 필요하다는 사실도 알고 있죠. 그런데 스마트폰은 노력을 기울이지 않아도 즉시 보상을 줍니다. 그래서 올바른 선택을 하기가 그렇게 힘들지요.

흥미로운 사실을 알려 줄게요. 스마트폰을 멀리 떨어뜨려 놓을수록 그 유혹을 물리치기 쉽습니다. 그러니 어려운 과제를 할 때는 스마트폰을 딴 방에 두세요. 그러고 나서 힘든 과제를 해냈을 때 주어지는 더 큰 도파민 보상을 향해 나아가세요.

스마트폰 금지, 공짜로 얻은 일주일

영국의 일부 학교에서는 스마트폰 사용을 금지하는 규칙을 도입했습니다. 학생들은 아침에 스마트폰을 제출하고 하교할 때 찾아갑니다.

어떤 결과가 나왔을까요? 성적이 올랐어요. 9학년 학생들은 한 학년 동안 일주일이나 학교를 더 다닌 것과 같은 효과를 거두었답니다!

특히 흥미로운 사실은 공부에 어려움을 겪던 학생들의 성적 향상이 더욱 두드러졌다는 점이에요. 스마트폰 금지가 학생들 사이의 차이까지 줄여 줬지요. 스마트폰 금지, 고려해 볼 가치가 있는 일이지요?

스마트폰이 없어야 더 즐겁습니다

친구와 이야기하거나 함께 놀 때 스마트폰을 멀리 두면 더 즐겁다는 거 알고 있었나요? 믿기 힘들다고요? 정말입니다.

이 사실을 확인해 주는 여러 연구가 있습니다. 한 연구에서는 두 사람이 함께 앉아서 10분 동안 자신들이 원하는 바를 이야기하도록 했습니다. 몇 커플에게는 자신의 스마트폰을 앞에 두도록 허용했어요. 하지만 사용은 금지했지요. 나머지 커플에게는 스마트폰을 아예 멀리 치워 버리도록 했습니다.

어떤 커플이 더 즐겁게 시간을 보냈을까요? 물론, 스마트폰을 치워 버린 커플입니다. 이들은 스마트폰을 만지지 않으려고 애쓰는 일에 집중력을 허비할 필요가 없었어요. 그 대신에 둘이 나누는 이야기에 고스란히 집중할 수 있었지요. 이 커플들이 나중에도 더 좋은 관계를 유지했어요.

그러니까 스마트폰을 눈앞에서 치워 버리고 이야기하는 것이 더 즐거울 뿐만 아니라 우정을 더욱 돈독하게 하는 비결이기도 합니다.

모든 사람은 다릅니다

집중을 방해하는 요소에 얼마나 민감하게 반응하는지는 사람마다 다릅니다. 지오는 아주 민감해서 하루에도 몇 번씩 집중력을 잃고 산만해지지요. 온갖 방해에도 불구하고 외부 세계를 차단하고 집중하는 데 별 어려움이 없는 사람도 있습니다. 이런 사람은 필요할 때 스마트폰을 치워 두는 일도 잘합니다.

이 장에서는 스마트폰을 주로 다루었습니다. 여러분도 그 이유를 잘 알 거예요. 우리가 어디든 가지고 다니는 작은 물건이 집중력 도둑이기 때문이지요. 아마 틀림없이 여러분은 잘 해내겠지만, 지오가 노력해야 할 일이 있습니다. 스마트폰을 비롯한 스크린 기기를 사용할 시간과 사용하지 않을 시간을 구분하는 일입니다.

* 집중력 제로 지오를 돕는 방법 *

여러분이 지오 같은 친구를 도울 수 있습니다. 집중하기가 그렇게 어려운 데에는 그럴 만한 이유가 있으며, 개선할 방법이 있다는 걸 지오가 깨닫도록 도와주세요. 지금부터 몇 가지 방법을 알려 줄게요.

1. 모범을 보이세요.

사람들은 다른 사람들처럼 행동하고 모방하는 것을 좋아합니다. 여러분이 스마트폰을 꺼내지 않으면 지오도 그러지 않을 가능성이 큽니다.

2. 몸을 쓰는 활동에 초대하세요.

스마트폰을 손에 드는 게 완전히 바보처럼 보이는 활동을 함께 하자고 초대하세요. 축구가 딱 좋겠네요. 수영이나 달리기도 괜찮고요. 무슨 뜻인지 알겠죠. 이런 활동은 효과가 두 배입니다. 몸을 움직이는 활동 자체가 집중력을 높여 주기 때문이지요.

3. 한 번에 한 가지씩만 함께 하세요.

아마 지오도 여러분처럼 영화와 드라마를 보고, 음악을 듣는 걸 좋아할 거예요. 이런 일에 정말로 집중하면 훨씬 좋은 경험을 할 수 있습니다.

먼저 둘 다 좋아하는 영화나 음악을 고르세요. 그런 다음 스마트폰을 딴 방에 두고 함께 보거나 들으세요. 아마 처음에는 별 차이를 느끼지 못할 거예요. 이렇게 하는 게 아주 자연스러워질 때까지 몇 차례 연습이 필요해요.

4. 영화관과 콘서트홀에 가세요.

세 번째와 비슷한 방법입니다. 이런 곳에서는 스마트폰 사용이 금지되어 있으니까 자연히 스마트폰 생각을 완전히 잊게 됩니다.

5. 숙제를 함께 하세요.

시간을 정해 놓고 숙제를 함께 합니다. 물론 스마트폰은 다른 방에 두어야죠. 정한 시간이 끝나면 10분간 쉽니다. 다시 시간을 정해 놓고 숙제를 한 뒤에 10분간 쉽니다. 이런 방법으로 숙제를 끝까지 해야 합니다. 중간에 마음대로 끝내면 안 됩니다.

주 의!

지오에게 필요한 것은 스크린 기기 사용을 완전히 중단하는 게 아니에요. 따로 할 일이 있거나 다른 일을 하는 동안 사용하지 않으면 돼요.

배우고 기억할 때
꼭 필요한 집중력

학습과 기억은 동전의 양면

학습과 기억을 따로 떼어서 생각하기는 어렵습니다. 두 가지가 서로 연결되어 있기 때문이지요. 아무것도 배우지 않으면 기억할 것도 없고, 기억하지 못하면 아무리 많이 배워도 소용이 없습니다. 무언가를 배웠다는 말은 새로운 기억을 형성했다는 말이나 마찬가지니까요.

새로운 것을 배워서 기억하려고 할 때 우리 뇌에서 어떤 일이 벌어지는지 살펴보는 일부터 시작해 보겠습니다.

단기 기억과 장기 기억

기억에는 두 종류가 있습니다. 학습할 때 사용하는 단기 기억과 미래까지 사용할 지식을 저장하는 장기 기억입니다.

단기 기억은, 이름에서 알 수 있듯이, 짧은 시간 동안만 유지됩니다. 책을 읽을 때 방금 읽은 문장을 기억하는 것, 덧셈을 할 때 필요한 두 숫자를 기억하는 것, 이런 것이 단기 기억입니다. 단기 기억 중에서 이해와 학습 같은 복잡한 일을 처리하는 데 쓰는 걸 작업 기억이라고 합니다. 우리 뇌는 뇌세포들 사이에 이미 존재하는 연결을 강화하는 것만으로도 단기 기억을 형성할 수 있습니다.

그렇지만 나중까지 기억할 장기 기억을 형성할 때는 뇌세포들 사이에 완전히 새로운 연결이 이루어져야 합니다. 게다가 새로 형성된 연결을 통해 여러 차례 신호를 주고받아야 연결이 강화되고 미래까지 기억이 유지됩니다.

이 과정은 뇌에 힘든 작업이며(과학자들은 이것을 강화라고 부릅니다.), 에너지도 많이 소모합니다. 장기 기억 형성에는 시간도 오래 걸리기 때문에, 우리가 잠자는 동안 뇌가 장기 기억 형성의 많은 부분을 처리합니다. (우리 뇌가 기억으로 저장하지 않아야 할 것을 어떻게 처리하는지는 10장에 나옵니다.)

몸이 기억한다

몸동작은 여러 근육과 신경이 관련된 복잡한 과정이며 배우기도 매우 어렵습니다. 뇌가 크고 작은 여러 근육을 정확히 언제 어떻게 움직일지 패턴을 만들어야 하지요. 간단히 말해서 기억을 형성해야 합니다.

예를 들어 여러분이 새로운 스케이트보드 동작을 익힌다고 해 보죠. 아마 해가 질 때까지 같은 동작을 연습하고 또 연습해도 뜻대로 되지 않을 겁니다.

그런데 그다음 날이 되자 마법에라도 걸린 것처럼, 어제는 안 되던 동작을 아무렇지도 않게 해내게 됩니다. 연습을 더 한 것도 아닌데 말이죠.

물론 마법이 아닙니다. 밤에 여러분 뇌가 새 동작에 필요한 특정 패턴 기억을 형성한 겁니다. 다른 말로 해 볼까요. 여러분은 새 동작에 필요한 결정적이고 중요한 세부 사항까지 잠을 자면서 배운 거랍니다.

장기 기억 만들기

무언가를 배워서 기억하고 싶다면 다음 과정을 거쳐야 합니다.

1. 배우는 내용에 집중하세요.

집중하는 건 뇌에 이렇게 말하는 셈이에요. "이건 중요해." 그러면 뇌가 그 일에 에너지를 투여하여 장기 기억을 형성할 만한 가치가 있다고 이해합니다. 집중하지 않으면 기억이 만들어지지 않습니다.

2. 작업 기억을 학습 정보로 채우세요.

이 말은 배우는 동안 뇌가 다른 자극의 방해를 받지 않도록 해야 한다는 뜻입니다. 앞에서 말한 대로 작업 기억은 이해와 학습에 필요한 단기 기억입니다. 작업 기억은 용량이 매우 작아서 쉴 새 없이 쏟아져 들어오는 온갖 정보로 금방 채워집니다. 다른 정보에 한눈팔면 학습 정보를 담지 못하게 되지요.

3. 잘 자세요.

학습한 내용이 장기 기억으로 바뀌려면 적어도 하룻밤은 적절한 수면을 취해야 합니다.

4. 학습한 지식을 반복하세요.

뇌가 학습 내용을 여러 번 흡수할수록 뇌세포 사이의 연결이 더 튼튼해집니다.

이 과정을 따르면 누구나 오래가는 장기 기억을 만들 수 있습니다. 뭐라고요? 하라는 대로 했는데도 안 된다고요? 그렇다면 몇 가지 문제 해결 방법을 시도해 보면서 무엇이 잘못되었는지 파악해 봐야겠군요.

문제 해결 1 - 집중

배우려고 하는 동안 정말로 집중했나요? 집중이 얼마나 중요한지 알려면 뒤집어서 생각해 볼 필요가 있습니다. 우리가 뭘 기억하지 *못하고*, 그 이유가 무엇인지 살펴볼까요.

오늘 아침에 침대에서 내려올 때 어느 발로 먼저 바닥을 디뎠나요? 왼발인지 오른발인지 기억나지 않을 겁니다. 그 동작을 할 때 집중하지 않았기 때문입니다. 따라서 뇌는 그 일이 중요하다는 신호를 받지 못했고 뇌세포 사이의 새로운 연결도 생기지 않은 거예요.

문제 해결 2 - 작업 기억

혹시 배우는 동안 무언가 다른 걸 하지 않았나요? 문자 메시지를 읽거나 SNS 알림이 올 때마다 스마트폰으로 손을 뻗지 않았나요? 그런 행동은 학습에 좋지 않아요. 용량이 작은 작업 기억은 많은 정보를 한꺼번에 처리하지 못합니다. 쉽게 과부하에 걸리지요. 우리가 멀티태스킹을 형편없이 못 한다는 걸 기억하세요. 스마트폰을 근처에 두기만 해도 사용하고 싶은 유혹에 저항하느라 우리 뇌 능력의 일부를 쓸 수밖에 없습니다. 학습에 써야 할 우리의 집중력 말이에요.

문제 해결 3 - 수면

잠을 너무 적게 자면 기억을 오래 유지할 수 없습니다. 수면에는 여러 유형이 있어요. 최소 19가지가 있지만 깊은 수면과 꿈 수면, 두 유형이 가장 중요해요(수면에 대해서는 152쪽에 더 자세히 나옵니다.). 깊은 수면 동안 사실 기억이 강화(고정)되고, 꿈 수면 동안에는 이 기억이 이미 알고 있는 것과 통합(병합과 제자리 잡기)됩니다. 따라서 두 유형의 수면이 모두 필요합니다. 밤에 잠잘 때 우리 몸은 먼저 깊은 수면에 빠집니다. 그 뒤에야 꿈 수면이 찾아와요. 혹시 깊은 수면에 들어가는 데 문제가 있지 않나요?

문제 해결 4 - 반복

어떤 것이든 한 번에 배울 수 있다고 생각하나요? 그러면 좋겠지만 지식은 우리 뇌 시스템을 몇 바퀴 돌아야만 비로소 기억으로 정착됩니다. 뇌가 학습한 내용을 더 자주 흡수할수록 뇌세포 사이의 연결이 더 튼튼해집니다.

마지막 문장은 이미 읽은 내용 같죠? 맞습니다. 한 번 더 반복했으니 이제 여러분의 뇌에 확실히 자리를 잡았을 거예요.

기억에 꼬리표를 붙여라

같은 내용을 여러 환경에서 학습해 보세요. 우리 뇌는 종종 지식을 그 자체와 관련이 없는 것과 연결하여 기억합니다.

책 내용을 기억하는 경우를 예로 들어 보지요. 처음에는 침대에서 읽고, 두 번째는 식탁에 앉아서 읽고, 세 번째는 버스에서 읽어 보세요. 우리 뇌는 기억에 사소한 보조 기억을 꼬리표로 붙여 둡니다. 그러고는 꼬리표를 길잡이로 삼아 기억 저장소에서 필요한 것을 찾아내지요. 꼬리표가 많이 붙을수록 필요한 기억을 더 쉽고 정확하게 찾을 수 있습니다.

같은 내용을 스크린으로 읽는 것과 종이로 읽는 것 사이에 차이가 있을까요? 그렇습니다.

노르웨이 연구자들이 중학생에게 단편소설을 읽히는 실험을 했어요. 실험에 참가한 학생 중에서 반은 종이에 인쇄한 것을, 나머지 반은 스크린으로 같은 이야기를 읽었지요. 종이로 읽은 학생들이 이야기를 나중까지 더 잘 기억했습니다. 특히 사건이 일어난 순서를 잘 기억했습니다.

왜 이런 결과가 나왔을까요? 첫째는 도파민 때문입니다. 우리가 스크린을 보자마자, 뇌는 늘 그랬듯이, 도파민 분비를 기대하기 시작합니다. 따라서 우리 집중력의 일부를 도파민 분비를 일으키는 릴스, 쇼츠, 틱톡 같은 걸 보려는 유혹을 떨쳐 버리는 데 소비하지요. 또한 우리 뇌는 독서가 무언가에 깊이 빠지는 일이며, 따라서 우리 자신을 보호하기 위한 행동을 할 때라고 인식합니다. 이것 때문에 집중력 일부가 흐트러지는데, 거기에 스크린 기기로 인한 집중력 분산까지 더해지는 거예요.

둘째는 기억과 관련이 있습니다. 종이책이나 인쇄물을 손에 잡으면, 그것에 대한 기억이(종이를 만지는 느낌, 책장을 넘기는 소

리, 글과 여백의 배치 같은 디자인 등등) 형성됩니다. 이런 작은 기억들이 읽은 내용에 대한 기억에 꼬리표처럼 붙어서 기억을 강화합니다.

글 내용이 어려울수록 종이와 스크린 사이의 차이가 더 커진다는 사실도 연구로 밝혀졌습니다. 물론 종이로 읽을 때 이해가 더 잘됩니다. 그러니까 재미 삼아 단순한 이야기를 읽을 때는 종이와 스크린 중에서 뭘 선택할지 고민할 필요가 없습니다. 하지만 상대성이론을 이해하고 싶다면(여러분은 이미 잘 알고 있겠지만), 당연히 종이책으로 읽어야 합니다.

클릭할 수 있는 하이퍼링크 텍스트

때로는 우리가 거의 알아차리지 못하는 일들로 집중력이 흐트러집니다. 클릭이 가능한 링크가 걸려 있는 텍스트가 바로 그런 예입니다.

한 실험에서 참가자들에게 워드프로세서로 작성한 문서를 컴퓨터 스크린으로 읽도록 했습니다. 이 문서에는 링크가 걸려 있지 않았습니다. 그다음에는 몇몇 단어에 클릭 가능한 링크가 걸려 있는 문서를 같은 방식으로 읽혔습니다. 그러고 나서 두 문서에 대해 질문했지요. 실험 참가자들은 링크가 있는 문서의 내용을 잘 이해하지 못했고, 기억도 잘하지 못했어요. 링크를 클릭하지 않았는데도 말이에요.

이유가 뭘까요? 그들이 뇌 능력 일부를 링크를 클릭할지 말지 결정하는 과정에 지속적으로 소비했기 때문일 것입니다. 스마트폰을 근처에 두기만 해도, 우리 뇌가 그것을 잡지 않으려고 애쓰는 것과 비슷하지요.

빨리 읽는 게 좋을까요?

우리가 스크린으로 읽을 때 더 빨리, 그리고 훨씬 대충 읽는다는 사실을 알고 있나요? 그만큼 세부 내용을 파악할 시간이 부족하고 '안' 또는 '못' 같은 짧은 단어를 건너뛰고 읽을 가능성이 큽니다. 이런 짧은 단어를 읽지 않으면 문장의 뜻이 완전히 달라져요.

이렇게 엉성하게 읽게 되는 이유는 스크린의 구성 방식과 평소에 우리가 스크린을 대하는 습관 때문으로 보입니다. 우리는 스크린을 볼 때 대충 훑어보고, 앞뒤로 왔다 갔다 하고, 팝업 광고와 "띵띵" 아무 때나 울리는 알림 소리에 방해받는 것에 익숙합니다. 집중해서 읽어야 할 때도 스크린 앞에서는 비슷한 습관이 나오지요.

게다가 우리는 스크린으로 읽어서 배운 것을 과대평가하는 경향이 있습니다. 쓱 훑어보고서 "좋아, 이제 알았어." 하고는 다음으로 넘어가 버리죠. 제대로 이해한 게 없는데도 말이에요.

종이가 집중이 잘됩니다

지오가 겪고 있는 집중력 문제의 가장 큰 부분은 쉽게 주의가 분산된다는 것입니다. 스크린으로 문서를 읽으면 주의가 흐트러질 가능성이 큽니다. 일부는 스크린 자체 때문이며(스크린은 빠르고 쉬운 도파민 분비를 의미하지요.), 일부는 더 빨리 그리고 더 대충대충 읽기 때문입니다. 그 결과로 덜 기억하게 되고요.

그러므로 지오처럼 집중하기 어려운 사람들에게는 종이로 읽는 것이 특히나 중요합니다. 지오는 전자책보다 종이책으로 읽을 때 훨씬 잘 배웁니다. 지오가 그걸 인정하려고 하지는 않을 테지만요.

가끔은 스크린이 더 나을 때도 있습니다

물론 스크린으로 읽는 것이 더 좋을 때도 있습니다. 예를 들어, 한 주제를 대강 파악하기 위해 긴 글을 읽어야 할 때가 있어요. 그런 경우에는 스크린으로 보는 것이 더 좋습니다. 이미 학습한 것을 복습할 때도 스크린이 도움이 됩니다. 그렇게 하면 같은 사실을 다른 방식으로 읽는 효과를 거둘 수 있습니다. 같은 글을 여러 장소에서 읽는 것과 비슷하지요. 이 경우에는 스크린이 기억에 붙는 꼬리표 역할을 하는 셈입니다.

펜이 좋을까요, 키보드가 좋을까요?

쓰기를 배울 때는 키보드보다 펜을 선택하는 것이 좋습니다. 글자에 따라서 펜이 종이를 긁는 느낌이 다른데, 우리 몸은 그 차이를 기억합니다. 그뿐만 아니라 펜을 사용하면, 뇌가 손과 손가락의 움직임을 조절하게 되므로 자연히 정교하고 세밀한 동작을 연습하게 됩니다. 이런 연습으로 익힌 소근육 운동 기술은 인생 전반에 유용하게 쓰입니다.

하지만 여러분은 이미 글씨 쓰는 것쯤은 잘할 겁니다. 그래도 여전히 하나를 선택하는 게 의미가 있을까요? 어떤 일을 하느냐에 달렸지요. 다른 사람이 하는 말을 들으며 메모할 때는 펜을 쓰는 것이 좋습니다.

이유는 이렇습니다. 많은 사람이 펜보다 키보드를 사용할 때 더 빨리 글자를 입력합니다. 키보드를 쓰면 같은 시간에 더 많은 글자를 입력할 수 있단 거지요. 반면에 펜으로 쓰면 입력 속도가 느리므로 무엇을 쓸지 선택하면서 써야 합니다. 다시 말해서 무엇이 중요한지 생각해야 하며, 그 과정에서 배우게 됩니다.

책을 읽으면서 메모할 때도 펜을 쓰는 게 더 똑똑한 선택입니다. 펜을 쓰면 정보가 종이에 최종적으로 기록되기 전에 뇌를 한 바퀴 더 도는 과정을 거치게 되지요.

자기 글을 쓸 때

듣거나 읽으면서 메모할 때가 아니라 스스로 자기 글, 즉 스토리나 사실로 구성된 글을 쓸 때는 다릅니다. 키보드로 쓴 글이 수정하기가 훨씬 편하기 때문입니다. 한 문장을 고치는 것은 물론이고 문단이나 장을 통째로 이리저리 옮기기도 쉽지요.

다른 사람이 내 글을 읽을 때도 키보드로 쓴 글이 더 편합니다. 자신이 손으로 쓴 글을 스스로 읽을 때는 아무 문제가 없지만 다른 사람은 알아보기 힘들 수도 있습니다. 남이 쓴 글은 펜보다 키보드로 입력한 것이 해독하기 쉽지요.

요약하자면, 책을 읽거나 공부하면서 필기할 때는 펜이 좋은 선택이고, 스스로 긴 글을 쓸 때는 키보드가 더 나은 선택입니다.

키보드만 몇 차례 누르면 인터넷에 들어 있는 세상 모든 정보와 지식이 척척 나오는데 굳이 뭘 배워야 할까요? 이런 생각을 하고 있다면 다음 장을 읽으며 답을 찾아보세요.

구글 효과는
디지털 기억상실증

우리 뇌는 지름길을 좋아합니다. 정확하게 말하자면, 좋아한다는 말로는 부족합니다. 우리 뇌에는 지름길이 필요합니다. 기억을 생성하는 데에는 많은 에너지가 쓰이기 때문에 뇌는 기회가 생길 때마다 에너지를 아낄 수 있는 지름길을 선택하죠.

이런 특성은 뇌가 발달하던 시기 인류의 삶, 즉 사냥과 채집으로 먹을거리를 구하던 삶과 관련이 있어요. 아마 여러분은 필요한 에너지를 채워 줄 음식을 손쉽게 구할 수 있을 겁니다. 그렇지만 우리 조상이 살던 사바나에서는 언제 다시 저녁을 먹게 될지 아무도 몰랐습니다.

과거나 현재나 인간 몸과 뇌에 필요한 에너지의 양은 같아요. 먹을거리가 부족한 과거에는 에너지를 아끼고 최대한 적게 쓰는 것이 생존에 필수였지요. 우리 몸과 뇌는 바로 그러한 조건에 맞게 만들어졌습니다. 따라서 생각하고, 학습하고, 기억을 만들 때도 뇌는 에너지를 최대한 절약하는 방식으로 작동합니다.

그러니까 우리 뇌가 게으른 게 아니라 적은 에너지로 큰 효과를 내려고 노력한다고 말하는 게 더 정확하겠군요.

저장되는데 뭐 하러?

～～～～～～～～～～～～～～～～～～～～～～

    한 실험에서 참가자들에게 사실로 이루어진 여러 문장을 컴퓨터에 입력하도록 했습니다. 한 그룹에는 입력한 문장이 컴퓨터에 저장된다고 말했고, 또 한 그룹에는 자동으로 삭제된다고 했습니다.

    입력이 끝난 뒤에 참가자들에게 입력한 문장을 기억해서 말해 보라고 요구했습니다. 어떤 그룹이 더 나은 결과를 냈을까요? 여러분의 예측이 맞습니다. 문장이 삭제된다고 들은 참가자들이 더 나은 성적을 거두었습니다. 이유가 뭘까요?

    좋은 성적을 내지 못한 그룹은 문장이 컴퓨터에 저장된다고 생각했습니다. 저장된 문장을 언제든 다시 볼 수 있는데 그들의 뇌가 굳이 기억을 형성하느라 에너지를 쓸 이유가 있었을까요?

잼을 찾아라

～～～～～～～～～～～～～～～～～～～～～～

    식료품점은 상품을 아무렇게나 진열하지 않습니다. 종류가 비슷하거나 쓰임새가 비슷한 상품들끼리 모아서 놓지요. 예를 들어, 여러 가지 잼, 마멀레이드, 크림치즈 같은 상품은 한 진열대에 모아 놓습니다. 여러분이 자주 가는 식료품점이 있다고 해 보죠. 여러분의 뇌는 그 가게에 대한 대략적인 지도를 그립니다. 어떤 상품이 어디쯤 있는지 대충 기억해 두는 거죠. 딸기 잼이 어디 있는지 정확하게 알 필요는 없어요. 대충만 알아도 얼마든지 찾을 수 있으니까요. 뇌는 이렇게 정보를 단순화하여 딱 필요한 만큼만 저장합니다. 이 경우에는 상품을 찾을 때마다 모든 진열대를 뒤지지 않을 정도만 기억하면 충분합니다. 더 많은 정보는 필요가 없습니다.

사진을 찍을 것인가, 기억할 것인가?

여행하면서 사진 찍는 걸 꺼리는 사람들이 있습니다. 그들은 이렇게 말합니다. "나중에 사진으로 보는 것보다 이 순간 여기에서 일어나는 일을 경험하고 싶어요."

이 말을 이렇게 바꿀 수도 있습니다. "스마트폰이나 카메라로 저장하지 *않으면* 여행의 추억이 장기 기억으로 남을 가능성이 더 크다." 아주 틀린 말은 아닙니다.

미술관에서 이루어진 실험을 소개하지요. 실험 참가자들의 임무는 일부 작품은 사진을 찍고, 또 일부 작품은 사진을 찍지 않고 눈으로 감상하는 것이었죠. 다음 날, 참가자들에게 그림과 조각 작품 사진을 보여 주었습니다. 사진에는 전날 방문한 미술관에 전시된 작품과 그렇지 않은 작품이 섞여 있었죠. 참가자들에게 전날 본 작품을 골라내라고 지시했습니다.

여러분이 예상한 대로 참가자들은 사진을 찍지 *않은* 작품을 훨씬 수월하게 골라냈습니다. 뇌가 이렇게 생각한 거죠. '이 작품은 카메라에 저장했으니까 지워도 괜찮아.'

디지털 기억상실증

이 현상이 바로 구글 효과입니다. 무심코 들으면 별것 아닌 것 같습니다. 구글 효과를 디지털 기억상실증이라고도 부릅니다. 어때요, 느낌이 확 다르죠? 실제로 구글 효과는 학습에 중요한 영향을 미칩니다. 우리 뇌는 다른 곳에 저장되어 있다고 여기는 것을 배우려고 하지 않습니다. 뇌가 이렇게 생각하는 거죠. '그 정보가 어디에 있는지 기억하는 것이 중요하다.'

이건 딸기 잼을 살 때는 똑똑한 방식이지만 무언가를 배울 때는 별로 좋은 방식이 아닙니다. 구글 검색으로 사실을 찾는 것으로는 학습이 이루어지지 않기 때문이지요. 우리 삶에는 지식이 필요하며 지식과 사실은 다릅니다.

우리 뇌는 지금보다 훨씬 단순한 세상에서 발달했으며 그동안의 변화를 따라잡는 진화는 아직 이루어지지 않았습니다. 그래서 지금도 키보드를 몇 번 두드려서 언제든 다시 찾을 수 있다고 여기는 정보는 기꺼이 삭제합니다. 그렇게 해서 에너지를 절약하는 거죠. 우리가 구글 검색을 그렇게나 좋아하는 이유는 뇌가 지름길을 좋아하기 때문입니다.

지식과 사실

구글 같은 검색엔진은 훌륭합니다. 무엇을 묻든 그것과 관련된 수많은 사실을 알려 주죠. 구글이 내놓는 모든 정보가 사실은 아니지만, 출처의 신빙성과 사실 여부를 확인할 방법을 익히면 믿을 만한 답을 비교적 빠르게 찾을 수 있습니다.

요즘에는 수많은 사실 정보를 뇌에 저장하지 않아도 됩니다. 전화번호나 가게 영업시간 같은 걸 굳이 외울 필요는 없어요. 그런 세세한 정보는 스마트폰으로 구글 검색을 하면 되니까요. 그렇지만 그보다 복잡한 무언가를 이해하는 것은 사전 지식 없이는 불가능합니다. 사전 지식은 실제로 배워서 기억에 저장해 둔 것입니다. 이런 사전 지식이 없으면 복잡하기 짝이 없는 인

터넷 세상에서 길을 잃고 맙니다.《이상한 나라의 앨리스》에서 토끼 굴에 빠진 앨리스처럼요.

사전 지식이 필요한 이유

구글에서 스리랑카를 검색해 보세요. 서아시아에 있는 공화국이며 과거에 영국 식민지였다는 결과가 나올 거예요. 훌륭한 결과입니다. '공화국'이 뭔지 안다면 그렇다는 말입니다. 참, '서아시아'가 어디를 가리키는지도 알아야겠네요. 그리고 '영국'이 과거에 어떤 나라였는지, '식민지'가 어떻게 운영되는지도 알아야 하죠.

이런 단어들을 구글에서 다시 검색할 수도 있습니다. 하지만 이 단어들이 무슨 뜻인지 이미 알고 있다면 얼마나 빨리 이해할 수 있을지 생각해 보세요. 여러분의 사전 지식에 이 단어들이 들어 있다면 그렇게 되겠죠.

사전 지식이 풍부하면 새로운 글도 쉽게 이해하고 새 지식도 더 많이 배울 수 있습니다.

비판과 판단

지식은 과거에 배워서 뇌의 장기 기억에 저장한 모든 것과 자신의 경험(스스로 겪은 일)이 결합한 것입니다. 아무 때나 줄줄 내뱉을 수 있는 수많은 단편적 사실과 지식은 다릅니다. 지혜는 지식을 이용하여 중요한 문제를 붙들고 힘겹게 씨름하는 과정에서 생기지요.

이 세상을 이해하려면 지식이 필요합니다. 중요한 질문을 하고 그에 대한 답이 옳은지 판단(평가)할 때도 필요하지요. 지식이 없으면 무엇을 물어야 할지(그리고 누구에게 물어야 할지) 알 수 없습니다. 또, 지식이 없으면 여러분이 얻은 정보가 가치 있는지, 아니면 쓰레기에 불과한지 가려내지도 못하지요. 이런 사람은 인터넷에서 가짜 뉴스와 헛소리를 퍼뜨리는 자들의 손쉬운 먹잇감입니다. 이 이야기는 139쪽에서 자세히 다루겠습니다.

한 마디로 지식은 어리석음을 막는 백신입니다. 여러분 모두 바보가 되고 싶진 않겠죠?

chapter
04

늘 시간이 부족한 재이를
도와주세요

재이의 문제

◎ 실제로는 거의 아무것도 안 하면서도 늘 시간 때문에 스트레스를 받으며,
항상 시간 부족에 시달린다.

◎ 늘 버스를 놓치고 학교에도 밥 먹듯이 지각한다.

◎ 그러다 보니 재미있고 신나는 일에 참여하지 못할 때가 많다.

* 시간에 쫓기는 재이의 하루 *

아침

재이는 오늘 아침에도 뛰어서 주방으로 들어왔어요. 토스트 두 장을 우걱우걱 씹어 먹고, 주스를 벌컥벌컥 마셨어요. 다시 뛰어서 방으로 돌아와 허겁지겁 옷을 갈아입고는(잠옷은 침대에 던져 버렸지요.) 버스 정류장으로 뛰었어요.

주방에 들어갈 때부터 버스 정류장에 도착할 때까지 11분밖에 걸리지 않았어요. 한 시간 전에 일어났는데 말이에요. 어떻게 된 일일까요?

낮

재이는 학교가 끝난 뒤에 주노의 강아지를 보러 가기로 약속했어요. 학교는 2시 30분에 끝났고 재이는 2시 49분에 집에 도착했어요. 침대에 가방을 던져두고 바로 옆에 사는 주노네 집에 갈 생각이었지요. 하지만 재이가 주노네 집 초인종을 누른 시간은 정확히 5시 3분이었어요. 재이는 사랑스러운 강아지를 겨우 몇 분 동안 쓰

다듬고는 저녁 먹을 시간이라며 집으로 돌아왔어요.

시간 자체가 부족하진 않은 거 같은데 재이는 늘 시간에 쫓기고 있어요. 뭔가 문제가 생긴 것 같죠?

저녁

재이는 얼마 전에 축구를 그만두었어요. 그 바람에 저녁 시간이 더 늘어났어요. 재이가 무언가 재미있는 일을 할 시간은 충분했지요. 하지만 재이는 왠지 저녁이 자꾸만 짧아지는 것 같았어요.

재이는 저녁에 기타를 치기로 했어요. 하지만 기타 악보를 찾으려고 인터넷 검색을 하다가 다른 것에 빠져들고 말았어요. 결국 저녁 내내 기타는 건드리지도 않았답니다.

재이는 일찍 침대에 누웠어요. 잠이 중요하다는 건 알고 있었거든요. 재이가 이불 속으로 들어가 머리를 베개에 누인 시간은 9시 30분. 정말 훌륭합니다. 하지만 재이는 자정을 넘겨 0시 25분에 잠이 들었어요. 솔직히 말하면, 그때 스마트폰을 손에서 놓았지요.

재이의 하루는 정말로 미스터리입니다. 특별히 하는 게 없는데도 늘 시간이 부족하고, 학교나 친구와의 약속에 늦을 때가 많습니다. 그 때문에 스트레스도 심하게 받고 있어요. 도대체 시간이 어디로 가 버렸을까요?

네, 재이는 시간 도둑인 스크린 기기의 영향을 받고 있어요. 재이뿐만 아니라 요즘 어른과 청소년 대부분이 이런 일을 겪습니다. 시간 도둑은 뇌에서는 시간을 축소하고 현실에서는 시간을 확장하는 방법으로 우리 시간을 훔쳐 갑니다. 우리는 자기가 스크린을 보며 긴 시간을 보낸다고 느끼지 않아요. 스마트폰 같은 스크린 기기를 자주 사용하지도 않고 오래 들여다보지도 않는다고 생각하기 때문이죠. 하지만 실제로는 우리가 생각하는 것보다 훨씬 자주, 그리고 훨씬 오래 스크린을 보며 살아요.

지금부터 이 미스터리를 차근차근 풀어 보겠습니다.

잠시뿐이라고요?

한번 추측해 보세요. 우리가 얼마나 자주 스마트폰을 손에 잡을까요? 대략 10분에 한 번입니다. 하루에 약 80번이지요. 믿기 어렵겠지만 사실입니다. 물론 어떤 사람은 더 자주 보고 어떤 사람은 덜 보지만(사람들은 대부분 자신이 덜 본다고 생각해요.) 평균은 이 정도입니다. 이 횟수는 몇 년 전에 조사한 결과니까 지금은 더 늘어났을 것입니다.

스마트폰을 자주 보긴 하지만 아주 잠깐 알림 내용을 확인할 뿐이라고 생각하나요? 그렇지 않아요. 여러분은 스마트폰을 한 번 손에 잡을 때마다 평균 26번이나 터치합니다.

더 큰 문제는 스마트폰을 잠깐 보기만 해도 하는 일에 방해가 된다는 거예요. 스마트폰을 본 뒤에 일에 다시 집중하려면 다시 마음을 다잡아야 합니다. 그러다 보면 시간이 훌쩍 지나가 버리지요. 일을 마치는 데 시간은 더 걸리고 주기적으로 주의가 흩어져서 일의 결과도 나쁩니다.

알림의 유혹

지각쟁이 재이의 스마트폰에는 끝없이 알림이 뜹니다. 여러 메신저 채팅방에서 알림이 오고, SNS 친구나 재이가 팔로우하는 사람들이 새로운 포스트를 올릴 때마다 스마트폰이 "띵동!" 울리거나 부르르 떱니다. 재이가 설치한 여러 게임에서도 새로운 레벨이 추가되거나 업데이트가 있을 때마다 알림을 보냅니다. 알림을 하나하나 확인하다 보면, 당연히 침대에서 일어나 아침을 먹으러 식탁까지 가는 데 한 시간이 걸리지요.

스마트폰 앱에서 보내는 알림의 목표는 재이가 스마트폰에

눈길을 주도록 유도하는 것입니다. 스마트폰을 손에 들고 잠시 게임을 하거나 포스트를 보도록 하려는 거죠. 그러는 동안에도 또 다른 알림이 날아올 테고요.

알림을 무시할 수는 없을까요?

우리는 왜 알림을 확인하지 않고는 못 배기는 걸까요? 도대체 그 정체가 뭘까요? 알림은 우리 뇌가 '어쩌면'이라는 단어를 사랑한다는 사실을 이용합니다. 내가 쓴 책《뇌는 달리고 싶다》에 자세한 내용이 나옵니다.

알림이 왔다는 소리나 진동을 느끼면, 우리는 *어쩌면* 무언가 중요한 일이 벌어졌을지도 모른다고 생각합니다. 그럴 때 뇌에서 도파민이 분비됩니다. 실제로 무슨 일이 벌어졌는지 확인할 때보다 더 많이 분비되지요. 사람들이 당첨될 확률이 낮은 복권을 사는 것도 같은 이유입니다. *어쩌면* 부자가 될지도 모른다고 기대하는 그 순간에 가장 큰 스릴을 느끼는 거죠. 수많은 알림 중에 중요한 건 몇 개 없다는 사실을 알아도 확인하고 싶은 욕구가 줄지 않습니다. 중요한 건 가능성과 기회니까요.

우리 뇌는 왜 이런 방식으로 작동할까요? 아마 이것도 우리 조상의 삶이 남긴 유산일 겁니다. 사냥이 어떤 결과를 낳을지 전혀 예측할 수 없었던(자연에서 확실한 건 하나도 없으니까요.) 삶 말입니다. 그런 조건에서는 결과가 불확실하더라도 몇 번이라도 다시 시도하는 게 생존에 도움이 됩니다. 그래서 우리 뇌는 *어쩌다가* 한 번 큰 이득을 볼 행동에 보상을 줍니다.

시간 도둑은 어린이와 청소년의 시간만 훔치는 게 아닙니다. 가까운 놀이터로 나가서 한번 관찰해 보세요. 아이들은 놀고 있고 부모들은 스마트폰에 코를 박고 있는 모습이 보일 거예요. 자신들이 이 세상에서 가장 사랑하는 생명체가 눈앞에 있는데도 말이에요.

어른들을 좀 이해해 볼까요. 여러분의 부모 세대가 어렸을 때는 스크린 기기가 거의 없었습니다. 몇 종류가 있긴 했지만 스마트폰과 비교하면 성능이 형편없었어요. 성장하면서는 스크린 기기와 친해질 기회가 없었다가 어른이 되어서야 사용하기 시작했지요.

여러분과 친구들은 문자 입력을 비롯하여 거의 모든 것을 엄지손가락으로 처리합니다. 그렇죠? 하지만 어른들은 집게손가락을 사용합니다. 어른들이 집게손가락을 빙빙 돌리며 어디를 터치할지 찾는 모습을 종종 보았죠? 여러분이라면 10초도 안 걸릴 간단한 문자 메시지를 입력하기 위해 어른들은 몇 분이나 끙끙거립니다.

어른들이 스크린 기기 없이 성장했다는 명백한 증거가 또 있습니다. 그들은 아주 오래전에 나온 게임(여러분은 기억도 못 할 거예요.)을 몇 년씩이나 질리지도 않고 합니다. 새로운 SNS 플랫폼이 등장해도 갈아타지 않아요. 10년 넘게 사용하던 SNS 플랫폼에서 다른 어른들과 시간을 보내죠.

SNS 포스트에는 끝이 없습니다

콜라가 계속 차는 마법 컵이 있다고 상상해 보세요. 아무리 많이 마셔도 자꾸 차올라서 절대로 컵이 비지 않아요. 이런 컵이 있다면 콜라를 더 마시게 될까요, 덜 마시게 될까요? 더 마시게 될 겁니다. 그렇죠?

여러분은 상상이 안 되겠지만, 아주 먼 옛날에는 SNS에 끝이 있었어요. 포스트를 몇 개 보면 페이지가 끝났죠. 지금은 그렇지 않습니다. 인스타그램 피드의 끝을 보기로 작정하고 아무리 오래 스크롤을 해도 절대로 마지막에 도달하지 못합니다.

과거 SNS 사용자들은 페이지가 끝나는 것을 SNS 사용을 중지하고 무언가 다른 일을 시작할 신호로 받아들였습니다. 이 사실을 간파한 누군가가 내놓은 해결책이 무한 스크롤이에요. 여러분이 아무리 많은 포스트를 봐도 새로운 포스트가 또 나타납니다. 결국 끝에 도달했다는 신호를 받지 못하고 원래 의도했던 것보다 더 오래 SNS에 머무릅니다. 여러분이 SNS를 보는 동안 실제로 지나간 시간은 스스로 느끼는 것보다 훨씬 깁니다.

왜 이런 일이 벌어질까요? 드라마를 보다가 중간에 멈추기 힘든 것과 같은 이유입니다. 나중에 멈춘 지점부터 다시 보면 되는데도 그러기가 힘듭니다. 책을 읽을 때도 한 장이 끝나야 손에서 놓기가 쉽습니다. 콜라가 반쯤 남은 컵보다는 빈 컵을 식기세척기에 넣는 것이 마음이 편합니다. 우리는 지금 하는 일을 완료했다고 느껴야 다른 일을 시작할 마음이 생기는 존재입니다. SNS는 절대로 그런 신호를 주지 않지요.

문제는 다른 걸 하지 않는 것

아마 여러분은 이렇게 생각할 겁니다. 'SNS에 끝이 없는 게 그렇게 위험해? 재이가 스마트폰을 보며 시간을 좀 보내면 안 되나? 스마트폰을 만지작거리는 게 해로운 건 아니잖아.'

여러분 생각이 맞아요. 하지만 완전히 틀린 생각이기도 합니다.

재이처럼 하루에 몇 시간씩 스마트폰을 사용한다고 해서 병이 들거나 큰 문제가 생기지는 않습니다. 그것 자체로는 문제가 없어요. 문제는 시간이 없어서 재이가 여러 가지 다른 일을 하지 *못한다*는 것입니다.

재이는 특별히 할 일이 없을 때마다 스마트폰으로 손을 뻗습니다. 그러고는 자기가 생각하는 것보다 훨씬 더 오래 스마트폰을 사용합니다. 자기가 그랬다는 사실을 인정하진 않을 테지만요. 만약 스마트폰이 고장 난다면 재이는 다른 것을 하며 시간을 보낼 거예요. 우리 뇌는 지루함을 못 견디며 항상 무슨 일이든 일어나기를 바라니까요.

스마트폰이 없다면 재이는 기타를 잡고 실제로 연주할 겁니다. 주노의 강아지와 몇 시간 동안 놀지도 모르지요. 축구를 다시 시작할 수도 있고요. 분명히 친구도 더 많이 사귈 거예요. SNS 친구 말고 진짜 친구 말이에요. 그 밖에도 재이가 좋아하는 여러 가지를 하겠죠. 그런 일을 더 자주, 그리고 더 오래 하면 좋지 않을까요?

XX

* 늘 시간이 부족한 재이를 돕는 방법 *

재이가 옛 모습으로 돌아오면 좋겠죠? 여러분과 함께 재미있는 일을 하던 재이 말이에요. 지금부터 재이가 자기가 좋아하는 일에 더 많은 시간을 쓸 수 있도록 돕는 방법을 알려 줄게요.

1. 알림을 끄세요.

게임과 SNS에서 보내는 알림을 끄라고 재이에게 알려 주세요. 한꺼번에 전부 다 꺼 버리면 재이가 거북할지도 모릅니다. 우선 게임 알림을 끄는 것부터 시작해서 하나씩 늘려 나가세요.

2. 직접 만나서 대화하세요.

채팅 앱에서 시작한 이야기를 직접 만나서 더 하자고 재이에게 제안하세요. 직접 만나서 서로 얼굴을 보며 이야기하는 게 더 재미있답니다!

3. 재이를 재미있고 활발한 활동에 초대하세요.

수영장이나 스케이트장에 갈 때 재이를 데려가세요. 재이 집에 들러서 데리고 가면 더 좋을 거예요. 기회가 될 때마다 부담 없이 재이에게 전화하세요. 이런 제안을 거절하는 건 꽤 어렵답니다.

4. 여러분도 스마트폰 사용을 자제하세요.

재이를 돕는 동안에는 여러분 스마트폰의 알림도 꺼 놓으세요. 다른 사람이 스마트폰을 주머니에서 꺼낼 때마다 재이도 그러고 싶은 생각이 들 테니까요.

5. 마음속에 있는 말을 꼭 해 주세요.

이렇게 하면 너무 예민하게 군다는 말을 들을 수도 있습니다. 그래도 재이가 함께 있는 동안에 스마트폰만 들여다본다면, 그러지 말라고, 나에게 집중해 달라고 말하세요. 만약 여러분이 앞에 있는데도 부모님이 스마트폰을 터치하는 데 빠져 있다면, 똑같이 말해 주세요.

chapter
05

폭발적인 변화와
스크린 타임

변화가 시작된 해

2011년, 미국 연구자들이 청소년들을 연구하다가 중요한 변화를 알아차렸습니다. 우선, 청소년들이 잠을 제대로 못 자는 게 눈에 띄었어요. 친구도 적게 사귀고 데이트도 덜 하고 있었죠. 그뿐만 아니라 술도 덜 마셨으며 운전면허를 따는 일에도 관심이 별로 없었습니다. 도대체 무슨 일이 일어난 걸까요?

확실치는 않지만, 아이폰이 큰 인기를 끈 것과 이런 현상 사이에 관련이 있다는 의심이 듭니다. 아이폰은 이미 2007년에 처음 출시되었지만 2011년에 판매량이 급격하게 늘어났어요. 이때쯤부터 거의 모든 사람이 언제든 인터넷에 연결되는 작은 컴퓨터를 주머니에 넣고 다니게 되었죠. 물론 다른 회사들도 자신들의 스마트폰을 시장에 내놓았습니다. 하지만 새로 길을 낸 건 아이폰이었습니다.

변화를 일으킨 원인은 스크린 타임

청소년들을 노리는 음모가 숨어 있었을까요? 아이폰에서 나오는 위험한 방사선이 청소년들의 성격을 변화시킨 걸까요?

천만에요. 사실 이 현상에 대한 설명은 그렇게 복잡하지 않습니다. 청소년들이 점점 더 많은 시간을 스마트폰 사용에 할애하게 되었고, 그 때문에 잠을 자고 친구를 만나고 데이트할 시간이 줄었습니다. 술을 마시거나 운전면허 연습에 쓸 시간도 부족해졌죠. 물론 술을 덜 마시는 건 좋은 일입니다.

2011년 이후에도 청소년들은 잠을 자고 운전 연습을 하여 면허를 취득했습니다. 하지만 평균을 내 보면 그런 일에 투자하는 시간이 분명히 줄었습니다. 그것도 아주 큰 폭으로 줄었죠. 한 심리학 교수는 이런 현상은 처음 본다고 말했습니다. 1930년대부터 그때까지 수집된 데이터를 연구한 뒤에 한 말이었죠.

왜 청소년이 먼저 변했을까요?

이런 변화가 왜 청소년들 사이에서 먼저 나타났을까요? 몇 가지 설명이 있습니다. 한 가지는 청소년들이 새로운 걸 시도하기 좋아한다는 것입니다. 또 다른 설명은 청소년기가 습관과 생활 방식을 형성하는 시기이지만, 그것이 확고한 패턴으로 자리를 잡기에는 아직 시간이 부족하다는 것입니다. 세 번째 설명이 좀 더 심각합니다.

여러분이 이미 읽은 것처럼(20쪽을 보세요.), 우리가 스크린 기기를 사용할 때마다 뇌에서는 소량의 도파민이 여러 차례 분비됩니다. 10대 청소년이 이런 즉각적인 도파민 분비에 특히 민감합니다. 성인의 뇌에서는 좀 더 현명하고 신중한 전두엽이 제어에 나섭니다. 내일 할 일이 있으니까 스마트폰을 내려놓고 잠을 자야 한다고 우리에게 말해 주는 것이 바로 전두엽이에요.

전두엽은 25세가 될 때까지 완전히 발달하지 않습니다. 10대 청소년의 도파민 시스템이 마치 야생마처럼 날뛰는 이유가 바로 이것입니다. 말을 길들이는 사람이 초보자이니 야생마가 마음껏 날뛰는 거죠.

그게 그렇게 나쁜 걸까요? 그렇습니다. 스크린 기기 사용 시간만 따져 봐도 금방 대답할 수 있지요.

스웨덴에서는 1세 미만(0-12개월) 영아의 4분의 1과 2세 유아의 반이 날마다 인터넷을 사용합니다.

미국 어린이와 청소년은 스크린 기기를 하루에 7시간 30분 동안 사용합니다(TV 시청 포함). 1990년대에는 3시간이었어요. 평균적으로 8-10세 어린이는 6시간, 11-14세 어린이는 약 9시간 동안 스크린 기기를 사용합니다. 물론 하루 사용 시간입니다.

스웨덴 10대 청소년의 스마트폰 사용 시간은 하루 평균 4시간입니다. 스웨덴 어린이와 10대 청소년 세 명 중에 한 명은 하루에 5시간 이상을 앉은 자세로 스크린 기기를 사용합니다. 학교에서 사용한 시간은 뺀 것이 이 정도입니다.

10대 청소년 4,000명을 조사한 결과, 7명 중 1명이 하루에 최소 6시간 동안 SNS를 사용한다고 답했습니다.

10대 청소년 절반이 밤마다 *적어도* 한 번은 스마트폰을 확인합니다. 한 조사에 따르면, 10명 중 1명은 밤마다 적어도 10번 스마트폰을 확인합니다. 네, 잘못 읽은 거 아니에요.

계속할까요? 이 수치들은 모두 몇 년 전 조사에서 나온 결과입니다. 아마 지금 다시 조사하면 대부분이 크게 늘어날 겁니다.

2011년에 스마트폰 사용자가 폭발하듯 늘어난 뒤로 중요한 변화가 일어났습니다. 2010년에서 2016년 사이에 사람들의 모바일 인터넷 사용 시간은 거의 0에서 4시간으로 늘어났습니다. 이건 정말 엄청난 변화입니다. 인류가 행동 방식을 이렇게 짧은 시간에 이만큼 큰 폭으로 바꾼 적은 없습니다. 지금 그 변화를 우리가 겪고 있죠. 과거 사람들이 스마트폰도 없이 긴긴 시간을 어떻게 보냈을지 궁금할 지경입니다.

새로운 기술은 생명에 위험하다!

새로운 기술이 발명될 때마다 그것이 위험하다는 주장이 등장했습니다. 어떤 주장이 있었는지 몇 가지 예를 들어 보겠습니다.

▶ 1500년대 - 인쇄술이 발명되었습니다. 이것으로 생겨날 정보의 홍수를 우리 뇌가 견뎌 내지 못할 것입니다.

▶ 1800년대 - 시속 30킬로미터를 넘는 속도로 이동하는 것은 자연스럽지 못한 일입니다. 메스꺼움과 구토를 유발할 것이며 치명적인 결과를 낳을 수도 있습니다. 그러니 제발 부탁하는데, 새로 발명된 기차에 타지 마십시오.

▶ 1800년대 후반 - 전화기는 악마의 발명품이며 뇌우와 악령을 불러들일 것입니다.

▶ 1950년대 - 텔레비전은 시청자들에게 최면을 걸고 정신 나간 행동을 하게 만드는 물건입니다. 그 사실을 알고 계십니까?

스크린 기기에 대한 우려도 이런 것과 비슷할까요? 아니면 새로운 기술을 제대로 이해하지 못한 것에 대한 두려움 때문에 이런저런 경고가 쏟아지는 걸까요?

글쎄요, 그런 것 같지는 않습니다. 과거의 신기술과 오늘날 스크린 기기 사이에는 큰 차이가 있습니다. 오늘날 우리는 어디를 가든 신기술로 탄생한 스크린 기기를 몸에 지니고 거의 온종일 만지작거립니다. 날마다 6시간에서 7시간을 기차에 앉아서 보낸 사람은 없었습니다. 전화기로 그렇게 오랜 시간 통화한 사람도 없었고, 텔레비전을 주머니에 넣고 돌아다닌 사람도 없었죠. 제정신인 사람이라면 그런 짓은 절대로 하지 않았습니다.

우리 뇌는 유연합니다

우리 뇌는 우리가 사는 세상에 적응하기 위해 최선을 다합니다. 그리고 그 일을 잘합니다. 우리 뇌는 사바나 생활에 맞게 발달했지만, 유연하게 그리고 끊임없이 새로운 길을 찾습니다. 따라서 우리가 날마다 몇 시간씩 만지작거리는 물건이 뇌에 영향을 줄 수밖에 없습니다. 그러지 않는 게 오히려 이상한 일이죠.

스크린이 우리에게 좋을까요, 나쁠까요?

핵심적인 질문을 하겠습니다. 스크린 기기 사용이 우리 몸과 마음에 어떤 영향을 줄까요? 좋을까요, 나쁠까요? 사람마다 스크린 기기의 영향을 받는 방식이 다르므로 평균을 따져 봐야 합니다. 이 질문에 답하기 위하여 여러 연구가 실시되었습니다. 특히 어린이와 청소년을 대상으로 한 연구가 많이 이루어졌죠. 대부분 연구가 같은 결론에 도달했습니다. 스크린 기기를 너무 오래 사용하는 사람들 사이에서 몸 상태와 기분을 안 좋게 느끼는 경우가 더 흔하게 나타났어요.

스크린 기기 사용 시간이 하루에 3시간을 넘으면 기분이 가라

앉거나 우울해질 위험성이 큽니다. 이런 위험성은 스크린 타임이 늘어남에 따라 증가하지요. 실제로 우울함을 느낄지 아닐지는 불확실하지만, 그럴 위험성은 확실히 늘어납니다.

사람들을 우울하게 만드는 게 스크린 기기 자체는 아닐지도 모릅니다. 친구 만나기, 스포츠 경기, 악기 연주 같은 다른 활동 시간이 늘어나면, 오히려 우리 기분은 더 좋아집니다. 그러므로 단지 스크린 기기가 시간을 너무 많이 빼앗는 게 문제일 수도 있습니다. 시간이 부족해서 기분이 좋아지는 다른 활동을 못 하고, 그 결과로 우리 기분이 우울해지는 거죠.

좋은 소식

스크린 기기 사용이 우리 기분을 좋게 해 준다는 연구 결과도 있습니다. 단, 사용 시간이 너무 길지 않을 때 그렇습니다. 여기서 너무 길지 않은 시간이란 하루에 1시간 정도입니다.

혹시 여러분 부모님이 스마트폰에 빠져 사나요? 부모님의 스크린 타임을 제한하고 싶더라도 1시간 정도는 허용해 줘도 괜찮습니다. 하지만 절대로 2시간을 넘겨서는 안 됩니다. 그랬다간 부모님이 짜증을 내고 늘 투덜거릴 위험을 감수해야 할 거예요.

1시간

3시간

chapter
06

감정이 우리를 지배한다

우리는 생존하기 위해 감정을 느낍니다. 정확한 답입니다.

정답을 알았다고 여기서 끝내면 안 되겠죠? 이 말이 왜 정답인지 지금부터 차근차근 알아봅시다. 먼저 감정이 생기는 곳, 즉 우리 뇌에서 시작해 보죠.

여러분이 태어난 순간부터, 그리고 그 뒤로 사는 내내 뇌는 한 가지 질문에 대답하기 위해 노력합니다. "지금 무엇을 해야 할까?" 여러 번 말한 것처럼 우리 뇌는 인류가 사바나에서 살던 시기, 즉 생존이 늘 위협받던 상황에서 진화했습니다. 따라서 우리 뇌는 이 질문에 이런 말을 덧붙입니다. "살아남기 위해서". 다시 정리해 볼까요. "살아남기 위해서 지금 무엇을 해야 할까?"

다시 말해서, 뇌가 가장 중요하고 우선적인 목표로 여기는 것은 생존입니다. 우리가 생존에 성공하면 자손에게 유전자를 물려줄 수 있습니다. 동물에게는 이것이 가장 중요한 일이고, 우리도 동물입니다. 그래서 뇌는 늘 우리에게 생존에 유리한 행동을 하도록 지시합니다. 뇌가 지시에 사용하는 수단이 바로 감정입니다.

감정이 우리 삶을 더 즐겁게(최소한 더 흥미롭게) 만들어 주는 건 좋은 부작용일 뿐입니다. 감정의 원래 기능은 어디까지나 생존에 유리한 행동을 유도하는 것입니다.

완벽 로봇이 사는 세계

감정이 우리를 통제하는 방법과 이유를 이해하기 위해, 우리와 비슷하지만 감정이 전혀 없는 존재를 상상해 봅시다. 감정은 없지만 살아남기 위해서는 우리처럼 먹고, 자고, 건강을 유지해야 하는 로봇을 상상하면 되겠군요.

이 로봇이 전 세계 모든 정보에 접근할 수 있다고 해 보죠. 그래서 모르는 게 없고, 새로운 것이 나타나도 순식간에 정체를 파악합니다. 지금부터 이 로봇을 완벽 로봇이라고 부르겠습니다.

완벽 로봇이 샌드위치를 발견한다면, 먼저 자기에게 지금 당장 영양과 에너지가 필요한지 판단합니다. 그렇다고 결론이 나면, 그다음으로 자기에게 필요한 영양과 에너지가 샌드위치에 충분히 들어 있는지 분석합니다. 그러는 동시에 냉장고에 보관해 둔 다른 음식과 비교합니다. 냉장고에 더 좋은 음식이 있는

데 겨우 샌드위치로 배를 채우면 손해니까요.

샌드위치 주인이 따로 있을지도 모릅니다. 무턱대고 먹었다 간 주인이 엄청 화를 낼 수도 있죠. 주먹을 날릴 수도 있고요. 샌드위치를 먹는 게 이득일지 손해일지, 또 다른 위험은 없을 지 꼼꼼히 따져야겠군요.

완벽 로봇은 모든 관점에서 이 문제를 샅샅이 분석하고 어떻 게 할지 결정합니다. 따라서 어떤 잘못도 저지르지 않습니다. 완벽 로봇에게 세계는 모든 게 깔끔하게 정리되어 있는 완벽한 상태입니다. 그렇지만 인간이 사는 세계는 이렇지 않습니다.

인간이 사는 실제 세계

인간이 사는 실제 세계는 훨씬 더 복잡하고 옳은 선택을 하기 도 어렵습니다. 게다가 인간은 완벽 로봇과는 다릅니다. 우리 는 자신의 영양과 에너지 상태에 대한 모든 정보를 파악할 수 없으며 음식의 영양 정보를 정확하게 평가할 능력도 없습니다. 설사 그럴 수 있다고 해도, 계산에 시간이 너무 오래 걸릴 겁니 다. 계산을 끝내기 전에 샌드위치에 곰팡이가 피거나 다른 사 람이 먹어 버리겠죠.

실제 세계에 사는 우리가 완벽한 결정을 내리기에는 정보도 부족하고 시간도 부족합니다. 완벽한 결정을 하려면 하루 내내 계산과 궁리에만 빠져 지내야 합니다. 만약 우리 조상이 그랬다면 살아남지 못했을 거고, 우리도 존재하지 못했겠죠. 입맛을 다시며 다가오는 호랑이에게 위험을 분석하여 어떻게 할지 결정해야 하니까 기다려 달라고 할 수는 없으니까요.

뇌는 복잡한 계산과 분석 대신에 감정을 사용하여 우리가 올바른 선택을 하도록 유도합니다.

뇌가 감정을 사용하는 방식

뇌가 어떤 감정을 사용할지 결정하는 과정을 대략 살펴보겠습니다.

1. 상황 발생. 여러분이 무언가를 발견합니다.

앗, 호랑이다!

2. 뇌가 기억과 사전 지식을 이용하여
눈앞에서 발생한 상황을 판단합니다.

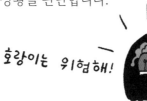

호랑이는 위험해!

3. 뇌가 번개처럼 빠르게 계산을 끝
낸 뒤, 이 상황에 어떤 감정이 적합한
지 결정합니다.

무서워!

4. 여러분이 뇌가 결정한 감정을
느끼고 그에 따라서 행동합니다.

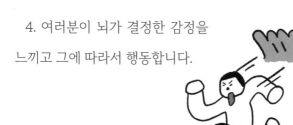

도망치자!

뇌가 자기 임무를 완수한 덕분에 여러분이 살아남았습니다.

 그렇지만 우리가 늘 감정에 복종하지는 않습니다. 다행이지요. 이것을 충동 조절이라고 하는데, 특히 어린이와 청소년은 충동 조절이 쉽지 않습니다.

 배고픔을 느끼면 눈앞에 있는 샌드위치를 먹고 싶은 충동이 생깁니다. 하지만 먹기 전에 잠깐 생각할 필요가 있습니다. 누나가 먹으려고 만들어 둔 것일지도 모르니까요. 여러분 입가에 빵 부스러기가 묻은 걸 보면 누나가 화를 낼 겁니다. 어쩌면 동생이 처음으로 만든 샌드위치일지도 모릅니다. 그걸 자랑하려고 엄마를 부르러 간 건데 여러분이 먹어 버리면 동생 기분이 어떨까요?

 두 경우 모두 무턱대고 먹었다간 나중에 깊이 후회할 수도 있습니다. 따라서 때로는 감정이 일으키는 충동을 따르기 전에 먼저 생각하는 것이 가장 좋은 생존 전략입니다.

뇌에서 벌어지는 일

우리가 샌드위치를 발견하고 입맛을 다실 때 뇌에서는 어떤 일이 생길까요? 뇌는 신경전달물질 도파민을 여러 경로로 보내서 우리가 어떤 행동을 하도록 유도합니다. 공장에서 생산한 도파민을 트럭에 실어서 세 곳으로 배달한다고 생각하면 됩니다.

첫 번째 트럭은 뇌의 보상 센터로 도파민을 배달합니다. 여기서 도파민은 무언가 *하고 싶다*는 생각을 불러일으킵니다. '맛있겠는걸. 저 샌드위치를 먹고 싶어.' 두 번째 트럭은 도파민을 전두엽으로 보냅니다. 이곳에서 실제로 어떤 행동을 할지 결정이 이루어지지요. 여러분이 잘 아는 것처럼, 전두엽은 25살이 될 때까지 완전히 발달하지 않습니다. 그래서 어린이와 청소년은 종종 여러 상황을 제대로 고려하지 않고 충동적인 결정을 내립니다. 예를 들어, 누나 것인 줄 알면서도 샌드위치를 먹겠다고 결정하는 거죠. 세 번째 도파민 트럭은 기저핵으로 갑니다. 전두엽이 내린 결정이 이곳에서 실제 행동 (손으로 샌드위치 집기)으로 바뀝니다.

부정적 감정이 힘이 더 셉니다

우리가 동시에 여러 가지 감정을 느낄 때, 보통은 부정적 감정의 지배를 받습니다. 인류 역사를 돌이켜보면, 부정적 감정은 위협과 관련이 있었고, 위협은 즉시 대응해야 하는 과제였기 때문입니다. 먹고 마시고 잠자는 일은 나중으로 미룰 수 있지만, 배고픈 호랑이와 마주치면 즉시 행동해야 하잖아요. 그래서 스트레스나 걱정 같은 부정적 감정을 느낄 때는 그것 말고는 다른 생각을 하기 어렵습니다.

인간은 부정적 감정을 더 흥미롭게 느낍니다. 적어도 다른 사람이 겪는 일이라면 분명히 그렇지요. 갈등과 극적 사건이 빠진 영화나 소설을 좋아하는 사람이 거의 없는 것만 봐도 알 수 있지 않나요?

스크린 기기와 감정

스크린 기기는 행동을 유발하는 감정을 정확하게 이용하여 우리 뇌를 해킹하는 데 성공했습니다.

뇌는 감정 신호를 이용하여 우리를 움직입니다. 필요할 때는 행동에 나서고 편안한 상황에서는 휴식을 취하도록 하지요. 인류 역사 내내 뇌의 목표는 우리가 음식과 친구를 찾고, 생존에 중요한 일을 하도록 만드는 것이었습니다. 하지만 최근을 제외하고는 역사 내내 에너지 부족이라는 위협에 맞서야 했으며, 따라서 불필요하게 에너지를 소모하는 일을 피하는 방향으로 발달했습니다(52쪽).

　뇌는 '어쩌면'을 사랑하며, 소문(101쪽)과 새로운 소식(16쪽)을 좇고, 지름길을 찾습니다(50쪽). 이런 것들이 인간에게 이득을 주었기 때문이지요. 스크린 기기는 알림의 형태로 *어쩌면* 중요할 수도 있는 신호를 보냅니다. 친구와 유명인에 관한 소문을 제공하고, 끝없이 *새로운 소식*을 전해 줍니다. 우리가 스마트폰을 보는 순간 뇌가 도파민을 분비할 수밖에 없지요. 더군다나 뇌는 이 모든 것을 얻기 위해 거의 아무 노력도 할 필요가 없다는 것도 잘 압니다.

　하지만 뇌가 어떻게 생각하든 이건 공짜가 아닙니다. 스마트폰이 주는 것을 얻으려면 시간과 집중력을 대가로 지급해야 합니다. 두 가지 모두 어떤 일이든 잘하고 싶다면 반드시 투자해야 하는 소중한 자원이지요.

chapter 07

우리에게 꼭 필요한 무리와 SNS

요즘은 누구나 SNS 계정을 한두 개쯤 가지고 있고, 아마 스마트폰 앱 가운데 SNS를 가장 자주 사용할 겁니다. 우리는 왜 이렇게 SNS에 푹 빠져서 사는 걸까요? 답을 찾기 위해 다시 우리 과거로 가 보죠.

인간은 사회적 동물입니다. 이것이 인류가 큰 성공을 거둔 이유 중 하나죠. 사바나에서 살았던 인류의 과거를 상상하면 왜 그런지 확실히 이해할 수 있습니다.

사바나에서 살아남으려면 보호와 안전이 필요했습니다. 다른 사람의 도움을 받으면 적과 포식자로부터 자신을 방어하는 일이 훨씬 수월했습니다. 특히 밤에는 교대로 감시할 수 있는 큰 이점이 있었지요.

음식과 물도 생존에 필요했습니다. 인간은 아주 강하지도 않고 빠르지도 않기 때문에 먹을거리를 구하기 위해 다른 수단을 써야 했습니다. 그 수단이 바로 협력입니다. 무리를 이루어 사냥에 나서면 먹잇감을 포위하거나 미리 설치해 둔 덫으로 몰 수 있었습니다. 다른 동물도 협력하여 사냥하지만, 인간은 완전히 다른 방법으로 계획을 세울 수 있었습니다. 게다가 언어

96

가 있어서 사냥하는 동안 의사소통도 할 수 있었어요.

인간은 또 다른 강력한 무기를 썼습니다. 지식 공유가 그 무기입니다. 우리 조상은 물을 찾는 방법과 열매가 많이 달리는 과일나무의 위치를 다음 세대에게 알려 주었습니다. 시간이 흐를수록 한 무리의 지식 창고는 점점 커졌습니다. 무리에 속한 모두가 그 지식의 혜택을 누릴 수 있었죠.

무리에 속한 사람은 홀로 자신을 지키는 사람보다 훨씬 유리했습니다. 무리에서 쫓겨나는 건 대부분에게는 사형선고나 마찬가지였습니다.

150명 — 한 무리를 이루는 최대 인원

우리가 관계를 맺을 수 있는 최대 인원이 대략 150명이라는 말이 있습니다. 여기서 관계란 서로 꽤 가까워서 상대방이 다른 사람에 대해서 어떻게 생각하는지(나는 미아를 좋아하는데 미아는 명선이를 싫어한다. 그런데 명선이는 나와 단짝이다.) 아는 상태를 가리킵니다. 아, 물론 우리는 이보다 많은 사람을 구별하여 그들의 이름을 기억할 수는 있습니다.

결국 인간 무리에 가장 적합한 인원수가 150명이라는 건데, 흥미롭게도 사바나에서 살았던 우리 조상들이 딱 그만한 인원으로 무리를 이루어 살았다고 합니다.

　무리에서 쫓겨나는 것에 대한 두려움은 여전히 우리 안에 남아 있습니다. 지금도 우리는 가족과 함께 살고 친척과 가깝게 지냅니다. 친구를 사귀고 다른 이들과 유대를 맺음으로써 안전한 무리를 형성하지요.

　가족은 가장 안전한 무리입니다(누구에게나 이런 가족이 필요하지요.). 우리는 대개 가족 안에서 가장 자유롭게 행동하며, 아주 큰 잘못을 저지르지 않는 한 쫓겨나지도 않습니다. 가족들 앞에서 좀 이상하고 까다롭게 굴어도 쫓겨날 가능성이 크지 않습니다.

　친구 무리에서는 상황이 좀 다릅니다. 가족에 비교하면 친구들 사이의 관계는 훨씬 느슨합니다. 이사나 전학으로 친구와 헤어지기도 하고, 친구의 친구와 친해지기도 합니다. 보통은 한 사람이 축구팀 친구, 같은 반 친구, 한동네 친구 등 여러 친구 무리에 속합니다. 여기에다가 SNS 친구까지 더해져 요즘 사람들이 이루는 친구 무리의 규모는 150명을 훌쩍 넘습니다.

　여러 친구 무리 사이의 경계는 유동적입니다. 친구 무리에서 배제될 가능성도 꽤 높지요. 친구 무리에서 잘 어울리는 사람,

필요한 사람, 사랑받는 사람이 되려면 노력해야 합니다. 사회적 존재로서 행동해야 하죠. 이런 조건에서는 친절하고 상냥하게 행동하는 것이 좋은 전략입니다.

우두머리

모두 그렇지는 않지만, 동물도 무리를 지어 삽니다. 인간의 가까운 친척인 유인원도 그런 동물입니다. 유인원 무리에서 어떤 일이 벌어지는지 연구하면 인간에 대해서 많은 것을 알 수 있습니다.

여러분의 친구 무리를 떠올려 보세요. 누가 중심인물인지, 즉 누가 우두머리인지 금방 생각날 겁니다. 친구 중 몇몇이 분명히 무언가를 결정할 때 더 큰 영향을 미칠 거예요. 그런 친구들이 동의해야 무리 전체가 움직일 테고요. 유인원 무리도 마찬가지이며 그런 특성이 훨씬 잘 드러납니다. 사람 무리에서는 뭐든 좀 복잡한 양상을 보이니까요.

인간이든 유인원이든 집단 내에서 높은 지위에 있는 개체들은 그 자리를 차지하는 것을 만족스럽게 여기는 것 같습니다. 이들의 뇌에서는 신경전달물질인 세로토닌 수치가 높게 나타납니다. 세로토닌은 평온, 조화, 내면의 활력 같은 만족스러운 느낌과 관련이 있습니다. 한마디로 무리에서 지위가 높으면 그만큼 자신감이 높습니다.

무리에서 차지하는 지위가 미치는 영향

이미 말한 것처럼, 인간 집단에서는 유인원 무리에서만큼 이런 특징이 분명하게 드러나지 않습니다. 하지만 인간 집단에서도 어떤 지위를 차지하고 있는지가 중요한 것 같습니다. 우리는 자기 지위가 올라가는지 내려가는지 확인하기 위하여 끊임없이 자신과 다른 이들을 비교합니다. 집단 내에서 자기 자리가 안전하다고, 즉 자기가 높은 지위에 있다고 확신할수록 기분이 더 좋아집니다. 애석하게도 반대 경우에도 같은 현상이 일어납니다. 집단 내에서 자기 지위가 위협받는다고 느끼면 기분이 나빠지죠.

SNS 세계에서도 팔로워 수와 조회 수에 따라서 지위가 달라지며, 높은 지위에 있는 사람이 미치는 영향도 큽니다. 오죽하면 그들을 인플루언서(influencer)라고 부르겠어요.

집단 안에서 제대로 행동하려면 집단에서 누가 믿을 만한지, 누가 누구를 좋아하거나 싫어하는지, 누가 강자이고 누가 약자인지 알아야 합니다. 이 밖에도 알아야 할 게 정말 많아요. 이 모든 걸 놓치지 않고 추적할 수 있는 매우 실용적인 수단이 있습니다. 바로 소문입니다.

사람들은 대개 소문을 부정적으로 여기지만 좋은 면도 있습니다. 우선, 누구든 자기 행동과 말에 대한 소문이 퍼질 거라고 생각하면, 아무래도 조심스럽게 행동하게 됩니다. 소문의 또 다른 이점은 사람들 사이의 유대를 형성해 준다는 것입니다. 흥미롭게도, 제삼자에 대한 불쾌한 소문을 공유한 사람들 사이에 특히 강한 유대감이 생깁니다.

우리는 누군가에 대한 나쁜 소문에 특히 관심이 갑니다. 아마 과거에는 그런 소문이 누구를 멀리해야 하는지 알려 주는 경고 역할을 했을 것입니다. 우리는 갈등과 다툼에 관한 소문도 좋아합니다. 싸움이 벌어졌을 때 잘못된 편에 서지 않는 게 중요하잖아요? 과거에는 그랬다간 무리에서 쫓겨나거나 심지어 맞아 죽었을 것입니다. 거친 시대였으니까요.

집단에서는 누군가에 대한 좋은 소문도 돌고 그 나름대로 뇌에 긍정적인 영향을 미칩니다. 누군가 맨손으로 들소를 때려잡았다는 소문을 들은 사람은 자기도 그러고 싶어서 훈련할 수도 있습니다. 누군가 불타는 오두막에서 어린아이를 구해 냈다는 소문을 들으면, 여러분 마음에도 영웅심이 불타오를 수 있지요.

하지만 아무래도 긍정적인 소문은 부정적인 소문만큼 매력적이지 않습니다. 인터넷에서 순식간에 퍼져 나가는 소식 역시 나쁜 소문인 경우가 많습니다.

우리와 남

우리 조상들에게 가장 큰 위협은 사자도 아니었고 질병이나 기근도 아니었습니다. 바로 사람이었죠. 먼 옛날 우리 조상들은 대략 10명에 1명꼴로 다른 사람에게 맞아서 죽었으리라 추정됩니다. 같은 무리에 속한 사람들끼리도 서로를 죽였고, 각각 다른 무리에 속한 두 사람이 만나는 경우, 둘 다 살아남을 확률은 매우 낮았습니다.

이런 현실 때문에 지금까지 인간 사회에 큰 영향을 미치는 강력한 심리적 기제가 생겼습니다. 그건 바로 사람들을 '우리와 남'으로 구분하는 것입니다. 이런 구분에서 남은 늘 위협으로 여겨집니다.

뇌의 공포 엔진이자 최고 경고 장치인 편도체는 우리가 잘 모르는 것, 즉 생소한 것에 즉각 반응합니다. 우리에게는 우리와 다른 것에 대한 공포가 내장되어 있는 셈입니다. 편도체는 별로 위험하지 않은 상황에서도 경보를 발령합니다. 예를 들어, 우리는 숲속 길에 떨어진 구불구불한 나뭇가지를 뱀으로 착각해 화들짝 놀라고는 합니다. 편도체가 이렇게 사소한 위협 가능성에도 예민하게 반응하는 것이 우리 생존에 더 유리합니다. 별것 아닌 것에 놀란 게 좀 억울하지만 그만큼 뱀한테 물릴 가능성은 줄어드니까요.

이런 이유로 우리가 낯선 사람을 보자마자 편도체는 조심하라는 경고를 보냅니다. 낯선 데다가 외모까지 다르다면 특히 민감하게 굴지요.

과거에는 이런 편도체의 반응이 합리적이었지만, 날마다 낯선 사람을 수백 명씩 만나는 오늘날 사회에는 전혀 맞지 않습니다. 그래서 현대인들은 편도체의 경고를 그대로 따르지 않는 방법을 나름대로 익혔습니다. 하지만 무의식 수준에서는 우리와 다르게 생겼거나 다르게 행동하는 사람들과 마주치면 여전히 불안감을 느낍니다. 이런 불안감을 드러내지 않도록 조심해야 합니다. 다른 사람을 불쾌하게 만들 수 있기 때문이죠. 어떤 상황을 가리키는 건지 말하지 않아도 알겠죠?

무리를 이루는 인간과 스크린 기기

우리가 무리를 이룬다는 것, 즉 인간이 사회적 존재라는 사실과 스크린 기기는 무슨 관계가 있을까요? 스크린 기기는 우리가 새로운 집단을 형성할 환상적인 기회를 제공합니다. 이미 존재하는 집단과 소통할 기회도 넓혀 주지요. SNS가 바로 그런 일을 합니다.

여러분의 관심사가 무엇이든 – 정원 가꾸기, 스키, 기차 모형 만들기, 공포 영화 등등 – 비슷한 관심을 가진 수백 명을 온라인으로 만날 수 있습니다. 그것도 전 세계에 퍼져 있는 사람들을 말이죠. 또한 친구나 친척의 최신 소식도 더 잘 알 수 있습니다. 이전의 어느 세대도 못 했던 일이에요. 이제는 누구도 혼자일 필요가 없습니다. 그런데 정말 그럴까요?

진짜 이상하게도 SNS를 사용하는 사람들 가운데 일부는 오히려 기분이 더 나쁘고 더 외롭게 느끼는 것 같습니다. 다음 장에서 이 문제를 좀 더 자세히 살펴보겠습니다.

chapter
08

SNS 중독자 주니를 도와주세요

주니의 문제

◎ 거의 온종일 SNS 세상에서 산다. 현실에서 무슨 일이 생기든 자기와는 아무 상관이 없는 것처럼 느낀다. 자기 인생에서 다시는 경험할 수 없을 만큼 흥미로운 일이 생기더라도 말이다.

◎ 다른 사람의 이상적인 모습과 자신을 비교하므로 자존감이 낮다.

◎ '좋아요'를 받기 위해서라면 무엇이든 한다. 심지어 자기가 싫어하는 일까지.

XXXXXXXXXXXXXXXXXXXXXXXXXXXXXXXXX

* SNS 중독자 주니의 하루 *

아침

주니는 일어나자마자 SNS를 열어 밤사이 무언가 흥미로운 일이 있었는지 확인했어요. 별일은 없었어요. 다행이라고 생각했지요. 무슨 일이 있었다면 주니는 기분이 나빴을 거예요. 중요한 일이 벌어지는 동안 자기가 거기 참여하지 못했다고 느꼈을 테니까요.

주니는 SNS에 아침으로 먹을 샌드위치 사진을 찍어서 올렸어요. 사진 속 샌드위치에는 치즈, 상추, 콩, 뭔지 모를 채소와 으깬 감자가 들어 있었어요. 주니는 사진을 찍은 다음, 나머지는 다 빼 버리고 치즈만 든 샌드위치를 먹었어요.

낮

주니는 점심을 먹은 뒤 친구와 함께 쇼핑센터에 갔어요. 둘이 여러 가게를 돌아다니며 서로 사진을 찍어 주었어요. 가게에서 파는 값비싼 물건을 들고 있는 모습이었죠. 구도를 잘 잡아서 사진에 가게 진열장이 나오지 않도록 조심했어요. 마치 이미 그 물건을 사서 집에서 사용하는 것처럼 보이고 싶었던 거죠.

주니는 직원이 노려보는 걸 눈치채고는 얼른 가게를 나왔어요. 집으로 오는 길에는 길가에 서 있는 고급스러운 차 옆에 서서 사진을 찍었어요. 마치 그게 부모님 차라도 되는 것처럼 최대한 자연스럽게 포즈를 잡았지요. 그러고는 버스를 탔어요.

이렇게 찍은 사진을 모두 SNS에 올리면, 날마다 쇼핑하며 돈을 펑펑 쓰는 억만장자처럼 보일 거예요. 주니와 친구는 헤어지기 전에 구운 소시지가 들어간 빵을 하나 사서 나눠 먹었어요.

저녁

늘 행복한 사람이 있을까요? 주니는 자기가 팔로우하는 사람들이 그렇다고 생각합니다. SNS에 올라온 사진과 영상을 보면 그들은 틀림없이 행복해 보입니다. 외모도 나무랄 데 없이 멋집니다. 그들도 필터와 수정 프로그램을 사용할 테지만, 그래도 멋진 건 분명합니다. 주니도 사진을 수정해서 올리지만, 사진 속 자기 모습은 멋지지도 않고 행복해 보이지도 않습니다.

주니는 자기가 팔로우하는 인플루언서처럼 되고 싶습니다. 인플루언서가 되면 옷, 최신 전자 기기, 여행을 비롯하여 원하는 게 무엇이든 공짜로 얻을 수 있습니다. 하지만 현실의 주니는 일주일치 용돈으로 겨우 소시지 빵 반 개밖에 살 수 없어요.

여러 연구 결과에 따르면, 많은 사람과 함께 시간을 보내는 사회적인 사람이 더 건강하고 더 오래 삽니다. 그 반대도 마찬가지입니다. 혼자 고립되어 외롭게 지내면 병에 걸릴 위험이 크고 실제로 일찍 사망합니다.

그렇다면 홀로 스크린 앞에 앉아서 인터넷으로 수많은 사람과 접촉하는 건 어떨까요? 이건 홀로 있는 걸까요, 아니면 많은 사람을 만나는 걸까요? 지금부터 자세히 알아볼 겁니다. 주니와 그를 아는 모든 사람이 읽어 볼 가치가 있는 내용이에요.

> "내 얘기는 충분히 했어요. 이제부터 당신 얘기를
> 좀 해 보죠. 나에 대해 어떻게 생각하세요?"

뇌에는 측좌핵이라는 영역이 있습니다. 우리가 흔히 보상 센터라고 부르는 곳이죠. 측좌핵은, 예를 들어, 좋은 음식을 먹거나 친구를 만날 때 활성화됩니다. 이런 일을 하면 측좌핵이 활성화되어 자신이 즐기고 있다는 좋은 느낌을 보상으로 받게 되죠.

우리가 자기 이야기를 할 때, 그리고 특히 칭찬을 들을 때도 측좌핵이 활성화됩니다.

우리가 말하는 내용의 절반 가까이가 자신이나 자기 경험에 대한 것인 이유가 바로 측좌핵의 보상 때문이지요. 사람들이 SNS에 올리는 게시물은 어떨까요? 이 역시 자신에 대한 내용이 절반을 훌쩍 넘습니다.

물론 사람마다 자신에 대해 말하는 걸 좋아하는 정도가 다릅니다. 자기 이야기를 할 때 측좌핵이 얼마나 활성화되는지 측정하는 방법으로 확인할 수 있어요. 한 조사에 따르면 누구나 이런 행동을 할 때 측좌핵이 활성화되었는데, SNS를 활발하게 사용하는 사람들의 활성화 정도가 가장 높았습니다.

만약 여러분이 자기 이야기를 할 때 측좌핵 활성화 정도가 높은 사람이라면, SNS를 하며 보내는 시간이 다른 사람보다 더 길 겁니다. 당연히 그렇겠죠?

그렇다면 SNS가 칭찬을 듣는 것과 같은 효과도 줄까요? SNS 앱에 '좋아요' 버튼이 왜 있는지 생각해 보면 스스로 답을 찾을 수 있을 겁니다.

도대체 왜 우리는 자기 이야기를 하고 싶은 걸까요?

우리 조상들이 살던 사바나로 다시 돌아가 봅시다. 조상들은 서로서로 자기 이야기를 함으로써 사람들과 유대를 강화했을 것입니다. 서로에 대해 잘 알수록 무리 구성원끼리 협력하는 것도 더 쉬웠겠죠.

또한 자기 이야기를 하는 것은 다른 사람의 생각을 알아낼 기회이기도 했습니다. 이야기하면서 다른 사람의 반응을 주의 깊게 살펴보는 거죠. 그 반응을 보고 무리 구성원이 좋아할 방향으로 자기 행동을 다듬었을 겁니다.

그때에는 청중이 아주 적었습니다. 대개는 한두 명과 함께 이야기했겠죠. 하지만 지금은 다릅니다. SNS 덕분에 수백수천 명에게 자기 이야기를 할 수 있죠. 하지만 안타깝게도 그들이 어떤 반응을 보이는지 정확히 파악할 방법은 거의 없습니다.

너무 많이 말하지 마세요

누군가와 얼굴을 마주 보고 이야기할 때, 우리는 끊임없이 상대방의 표정과 몸짓을 관찰하고 자기가 한 이야기에 대한 반응을 살핍니다. 친구가 눈썹을 찌푸리는 건 여러분이 지난 축구 경기에서 활약한 이야기를 너무 길게 하는 바람에 짜증이 났다는 뜻입니다. 눈을 자꾸만 깜박이는 건 여러분 이야기를 믿지 않는다는 뜻일 수 있죠. 얼굴을 보며 대화하면 이런 반응을 보고 행동을 바꿀 수 있습니다. 자랑을 좀 적게 하거나, 웃음을 지으며 농담이라고 말하거나, 상대방의 이해를 돕기 위하여 다른 단어를 선택할 수도 있죠.

우리는 이런 행동 수정을 거의 자동으로 해냅니다. 무언가 잘못되었다는 걸 어떻게 알았느냐고 묻는다면, 아마 아무도 제대로 대답하지 못할 겁니다.

하지만 온라인에서는 이런 반응을 포착할 수 없습니다. '좋아요'나 이모티콘을 사용할 수 있지만, 그런 걸로는 얼굴을 보고 읽어 내는 것만큼 정확하게 반응을 살필 수 없습니다. 발끝에도 못 미치지요. 게다가 많은 사람이 아예 반응을 표현하지 않습니다. 정확히 말하면, 반응하기는 하지만 그걸 읽어 낼 도리가 없는 거죠.

이미 말한 것처럼, 우리는 자신에 대해 이야기할 때 측좌핵이 활성화됩니다. 그때마다 행복감을 느끼는데, 온라인에서도 같은 일이 일어납니다. 하지만 온라인에서는 반응을 보고 자기 행동을 조절할 수 없습니다. 그래서 현실에서 얼굴을 마주 보고 대화할 때는 결코 하지 않을 이야기도 온라인에서는 쉽게 꺼내 놓습니다. 거기다가 듣는 사람이 아주아주 많으므로 생각 없이 아무 말이나 했다가는 큰일이 날 수도 있습니다.

불쾌한 목소리

온라인 게시물에 달린 끔찍한 댓글을 읽어 보았을 겁니다. 서로를 바보라고 부르는 건 끔찍한 댓글에 끼지도 못할 정도입니다. 그보다 훨씬 나쁜 말이 차고 넘치니까요. 누군가가 한 말에만 이런 댓글이 달리는 건 아닙니다. 글의 내용과 아무 관련이 없는 외모와 행동까지 비난하지요. 왜 이렇게 많은 사람이 온라인에서 못되게 구는 걸까요?

대화에서 반응을 읽는 것과 관련이 있습니다. 얼굴을 보며 대화할 때는 내 말 때문에 상대방 기분이 상했다는 걸 바로 확인할 수 있습니다. 그리고 우리에게는 이런 것에 저항하는 강력한 장벽이 내장되어 있습니다. 다른 사람 기분을 상하게 하는 걸 본능적으로 싫어하는 거죠.

하지만 온라인에서는 상대방 반응을 확인할 수 없고, 그래서 자제하기가 어렵습니다. 특히 자기를 드러내지 않아도 되는 상황에서는 브레이크가 아예 풀려 버립니다. 상대방이 어떤 감정을 느낄지 신경 쓰지 않고 자기 분노를 마구 뿜어내면 우쭐한 기분이 들 수도 있습니다. 그래서 상대방의 얼굴을 보면서는 절대로 하지 않을 말까지 아무렇지 않게 쓰는 겁니다.

온라인에서 다른 사람에 대한 글을 쓰기 전에 한 번 더 생각하세요. 건너편에 사람이 있습니다. 보이지 않지만, 분명히 거기 있습니다. 현실에서는 다른 사람에게 뚱뚱하다거나 못생겼다거나 역겹다고 말하지 않죠? 그러니까 온라인에서도 그런 댓글을 달지 마세요.

온라인에서 현실로

인터넷에서 사용하는 가혹한 말투에 익숙해지면 친구와 온라인 대화를 할 때도 쓸데없이 불쾌한 표현을 쓸 수 있습니다. 친구의 반응을 확인할 수 없어서 자제가 안 되는 거죠. 그 때문에 결국에는 친구 사이가 틀어질 수도 있습니다. 여러분이 농담으로 한 말이라도 친구는 기분이 상할 수 있습니다. 안타깝게도 그런 불쾌한 감정은 현실에서 만나도 쉽사리 사라지지 않지요.

얼굴을 보지 않고(그리고 목소리를 듣지 않고) 대화하는 상황에서는 오해가 더 쉽게 생깁니다. 이모티콘을 아무리 많이 써도 별 소용이 없습니다. 온라인 대화에서 생긴 오해는 결국에는 현실 관계에까지 영향을 미칩니다.

여러분이 쓴 글을 읽는 상대방은 여러분과는 다른 기분일 수 있습니다. 나는 즐거운 기분으로 글을 썼는데, 친구는 화난 상태로 그 글을 읽을 수 있지요. 이런 차이 때문에 여러분이 쓴 글이 애초 의도와는 완전히 다른 방향으로 해석될 수 있습니다. 그러니까 항상 명확하고 친절하게 쓰세요.

비교 함정 – 1부

학급 단체 사진을 찍은 적이 있죠? 그렇다면 반 친구들과 함께 그 사진을 보세요. 아마 모두들 다른 친구들은 다 괜찮아 보이는데 자기만 이상하게 보인다고 할 겁니다.

우리는 자기 얼굴을 다른 사람의 눈으로 보는 데 익숙하지 않습니다. 늘 거울을 보고 셀카도 찍지 않느냐고요? 그럴 때는 특별한 표정을 짓지요(셀카 찍을 때 다들 어떤 표정을 짓는지 알죠?). 다른 사람이 사진을 찍을 때는 셀카를 찍을 때처럼 표정을 통제하는 게 어렵습니다. 사진이 찍히는 순간에 눈을 감기도 하고, 눈썹을 찌푸리기도 하고, 한쪽 입꼬리를 올리기도 합니다. 그렇게 찍힌 사진을 보면 자신이 이상해 보이죠. 그런데 왜 친구들은 여러분의 모습을 이상하게 여기지 않을까요?

친구들이 여러분의 다양한 표정에 익숙하기 때문입니다. 단체 사진에 찍힌 모습은 그런 표정의 하나일 뿐이지요.

우리는 보통 자기가 가장 마음에 들게 나온 사진을 골라서 SNS에 올립니다. 필터도 쓰고 수정도 좀 해서 이상적인 모습을 만들어서 올리기도 합니다. 모두들 비슷한 방식으로 사진을 고르고 수정해서 올렸을 텐데, 우리는 SNS에 올라온 다른 사람의 이상적인 사진을 보고는 그게 평소 모습이라고 여깁니다. 반면에 자신은 엄청나게 수정해야만 그런 모습이 된다고 생각하죠.

이런 성향은 변화에 적응하고 자기 일을 잘 해내려고 애쓰는 청소년기에 특히 민감하게 나타납니다. 청소년기에는 완벽하게 수정된 유명인의 모습과 자기 모습을 비교하는 것만으로 자신감이 떨어질 수 있습니다.

무리에서 자기 지위가 내려갔다고 느끼면 우울한 기분이 든다는 거(100쪽을 보세요.) 기억하죠? SNS에서도 같은 이유로 비슷하게 느낄 수 있습니다.

여러분의 SNS 친구가 300명이라고 해 보죠. 그들 대부분은 버스를 기다리거나 소파에 앉아 시리얼을 먹는 사진을 올리지 않을 겁니다. SNS는 주로 자신에 대한 좋은 이미지를 알리는 용도로 쓰입니다. 다들 무언가 특별한 일을 하는 모습이나 다른 사람들에게 깊은 인상을 남길 만한 사진을 올립니다.

여러분의 SNS 피드가 300명의 가장 짜릿한 순간으로 가득 찬다는 뜻이죠. 평범한 주말에도 친구들은 산에 오르거나 콘서트에 가거나 멋진 파티에 참석합니다. 여러분은 버스를 기다리거나 시리얼이나 먹는데 말이죠.

이걸 보고 여러분의 뇌는 좀 이상하지만, 일반적인 사고 오류를 일으킵니다. 자신을 300명과 비교하는 거죠. 실제로는 그들도 여러분과 다름없이 하루하루 지루한 날들을 보냅니다. 하지만 여러분의 뇌는 SNS에 올라온 이상적인 사진을 보고 그들이 날마다 더없이 즐겁게 산다고 판단합니다.

비교 경쟁을 해 봐야 이길 가능성은 희박합니다. SNS에서는 경쟁 상대가 너무 많으니까요. 이런 비교 함정에 빠지면 자신이 지루하고 공허하게 살고 있다는 느낌을 받기 쉽습니다.

 SNS에서 친구들과 활발하게 접촉하나요, 아니면 그 반대인가요? SNS를 사용하지 않으면 기분이 나아지나요? 이 질문에 대한 대답은 적어도 세 가지에 달린 것 같습니다. SNS를 얼마나 오래 사용하는지, SNS를 어떻게 사용하는지, 그리고 현실에서 다른 사람들과 어떻게 지내느냐에 따라서 답이 달라집니다.

 한 조사에서 청소년들이 자기 삶에 얼마나 만족하는지 측정했습니다. 10살 때부터 5년 동안 조사했는데, 해가 갈수록 평균 만족도가 점점 내려갔습니다. 사실 이 결과는 그렇게 이상하지 않습니다. 10대 청소년은 일반적으로 삶을 지루하게 느끼니까요. 그러나 주의해서 살펴볼 대목이 있습니다. SNS를 가장 많이 사용한 청소년들의 만족도가 가장 크게 내려갔습니다. SNS 사용 시간과 만족도 사이에 관계가 있는 거죠. 어느 정도는 SNS에 너무 많은 시간을 빼앗겨서 만족감을 주는 다른 활동을 할 시간이 부족한 게 원인인 것 같습니다.

 활발한 사용자들, 즉 사진과 영상을 자주 올리고 다른 사람들과 자주 연락을 주고받는 이들이 그저 남이 올린 포스트만 들여다보는 사용자보다는 만족도가 덜 내려갔습니다.

그렇지만 만족도가 가장 높은 건 현실에서 많은 친구를 만나면서 SNS는 보조적으로 사용하는 청소년이었습니다. 이들은 자주 못 만나는 친구와 관계를 유지하거나 특별한 관심사를 위해서 SNS를 사용했습니다. 만족도가 가장 낮은 건 현실에서는 친구나 다른 사람을 잘 만나지 않고 SNS 활동에 열중하는 청소년이었죠.

주니와 모든 SNS 사용자를 위한 세 가지 팁

SNS를 가장 잘 활용하는 방법은 다음과 같습니다.

1. 현실에서 친구를 최대한 많이 사귀고 SNS는 보조 수단으로 사용하세요.
2. 다른 사용자가 올린 것만 확인하지 말고 적극적으로 활동하세요.
3. SNS에 너무 많은 시간을 빼앗기지 마세요.

XXXXXXXXXXXXXXXXXXXXXXXXXXXXXXXXXXXX

* 주니를 돕는 방법 *

주니는 실제 자기 모습이 충분히 매력적이지 않을까 봐 두렵습니다. 온라인에서는 자신이 꿈꾸는 삶을 살아가는 아바타를 만듭니다. 사실 현실의 주니가 훨씬 더 매력적인데, 주니만 그걸 잘 모르는 것 같아요. 어떻게 하면 주니가 자기 매력을 깨닫도록 도울지 지금부터 알려 드리겠습니다.

1. 현실에서 '좋아요'를 보내세요.

현실에서 사람들을 칭찬해 보세요. 사람들이 그걸 얼마나 좋아하는지 금방 알게 될 거예요. 온라인에서 받는 '좋아요'보다 훨씬 좋아한답니다. 주니를 칭찬할 때는 주니가 한 일이나 외모가 아니라 있는 모습 그대로를 칭찬해 주세요. 주니는 자기가 칭찬받을 만한 존재라는 걸 느낄 필요가 있으니까요.

2. 최고로 지루한 포스트 올리기 대회

자신이 얼마나 지루한지 보여 주는 사진이나 영상(또는 글)을 올리는 대회를 열고 주니와 함께 참가하세요. 일주일 동안 하루에 하나씩 게시물을 올리고, 공정하게 심사해서 최고로 지루한 포스트를 뽑는 거죠.

3. 주니와 함께 조금은 창피한 일을 해 보세요. 단, 지나치면 안 돼요.

주니를 잘 아는 친구라면 어떤 일을 말하는 건지 금방 떠오르겠지만, 잘 모르겠다면 팁을 드리죠. 남들 앞에서는 좋아한다고 절대로 인정할 수 없지만 실제로 해 보면 재미있을 일을 하는 거예요. 예를 들어, 몇 년 전에 유행한 음악에 맞추어 춤을 추거나 세상에서 가장 못생긴 케이크를 만든 다음에 숟가락을 쓰지 않고 부숴 보세요. 이걸 할 때 지켜야 할 규칙이 있어요. 1) 진짜진짜 신나게 웃기. 2) 주니가 이걸 찍어 온라인에 올리는 건 꿈도 못 꾸게 하기.

4. SNS 친구를 잘 골라서 버리세요.

주니가 팔로우하는 SNS 친구들을 하나하나 함께 살펴보면서 누군지 잘 모르거나 별로 관심이 안 가는 계정은 팔로우를 취소하세요. 특히 아무렇지 않게 불쾌한 댓글을 다는 불친절한 사람과는 반드시 관계를 끊어야 합니다. 그런 사람은 우리 스마트폰 화면에 등장할 자격이 없습니다. 그러니까 과감하게 해치우세요.

5. 알림을 끄세요.

여러분이 먼저 모범을 보이면 주니한테 큰 도움이 됩니다. 문자 메시지처럼 꼭 받아야 할 것만 남겨 두고 나머지 알림은 꺼 두세요. 그렇게 하면 그동안 쓸데없는 알림이 얼마나 많이 울려 댔는지 알 거예요. 아마 깜짝 놀랄걸요.

chapter 09

SNS는 공짜가 아니다

상점에서 신발을 사서 딱 한 시간 신었는데 밑창이 떨어진다면? 당연히 상점에 가서 항의해야죠. 만약 똑같은 신발을 온라인으로 샀다면, 그 회사의 고객 센터에 연락해서 항의할 테고요.

이 상황에서는 여러분이 고객이고 신발이 상품입니다.

그렇다면 SNS에 불만이 있을 때는 어디에 항의해야 할까요? SNS 회사에도 고객 센터가 있지만 SNS 사용 방법을 알려 주는 게 주요 기능입니다. 거기에 불만을 이야기해 봐야 속 시원한 대답을 들을 순 없어요. SNS 회사의 진짜 고객 센터는 여러분을 위한 게 아닙니다. 왜냐하면 여러분은 고객이 아니기 때문입니다.

이해가 잘 안 가죠? 그럼 이 말을 들어 보세요. 여러분은 상품입니다. 여러분이 꼭 사고 싶은 멋진 신발과 똑같은 상품입니다.

오해를 피하려면 더 정확하게 말해야겠군요. 신발처럼 사고 파는 상품은 여러분이 아니라 여러분의 관심과 시간입니다.

SNS를 시작할 때 우리가 이런 조건을 받아들였습니다. 아마 그랬던 기억은 안 날 테지만요.

SNS의 판매자, 상품, 구매자

거래가 이루어지려면 세 가지가 필요합니다. 첫 번째는 판매자로 사업으로 돈을 벌려는 사람입니다. 두 번째는 판매자가 팔려고 하는 상품입니다. 신발 같은 거죠. 상품에는 가치가 있습니다. 흔히 가격이라고 부르기도 하는데, 그만큼 돈을 내야 상품을 살 수 있죠. 마지막 세 번째는 돈을 지불하고 상품을 사는 구매자입니다.

여기까지는 복잡할 게 없습니다. 하지만 SNS는 이렇게 단순한 방식으로 작동하지 않습니다. SNS에서는 SNS 플랫폼을 소유한 회사가 판매자입니다. 상품은 사용자들의 관심과 시간이죠. 마지막으로 구매자는 사용자들에게 메시지(예를 들어 광고)를 보내려는 사람 또는 회사입니다.

여기까지 이해했나요? SNS는 팔리는 상품이 아니고 여러분은 구매자가 아닙니다. 여전히 헷갈리나요?

다른 측면에서 살펴보지요. 우리가 사람들이 만나서 서로 소식을 주고받고 짧은 댄스 영상을 올리는 플랫폼을 만든다고 해 보죠. 간단히 말해 SNS 플랫폼을 만드는 겁니다. 사람들이 새 플랫폼에 매력을 느껴서 시간이 지날수록 사용자가 늘어납니다. 사용자 수가 충분히 늘면 우리는 구매자를 찾아가 이렇게 말할 수 있습니다. "현재 우리 서비스를 하루에 몇 시간씩 이용하는 사용자가 수백만 명이나 됩니다. 우리 사용자들에게 보내고 싶은 메시지가 있나요? 한 명당 몇 원만 내면 보내드리겠습니다."

이 상황에서는 플랫폼을 만든 우리가 판매자이고 사용자들은 우리가 파는 상품이에요.

구매자는 누구일까요?

도대체 누가 다른 사람의 관심을 사고 싶어 할까요? 관심이라는 금덩어리를 사기 위해 기꺼이 돈을 내려는 사람은 얼마든지 있습니다! 사용자에게 광고를 보내고 싶은 회사가 대표적인 구매자입니다. 무언가 중요한 것에 대한 정보를 확보하려는 정부 기관도 있죠.

이뿐이 아닙니다. 정치적 메시지나 의견을 널리 퍼뜨리려는 이들도 SNS 사용자 정보를 탐냅니다. 지금 우리 상황은 앞이 잘 보이지 않는 흙탕물 속에 잠긴 것이나 마찬가지입니다. 그런데도 우리(사용자)는 자신을 상품이 아니라 고객으로 착각합니다. 그래서 필요한 만큼 충분히 주의를 기울이지 않지요.

새로운 SNS '스크린 브레인'

성공적인 SNS를 만들려면 어떻게 해야 할까요? 우리가 새로 하나를 만든다고 가정하고 알아볼까요? 음, 우선 이름은 '스크린 브레인'으로 하죠. 요즘은 뭐든 영어로 이름을 지어야 사람들이 좋아하니까요. 게다가 전 세계에서 수억 명의 사용자를 끌어들이려면 많은 사람이 사용하는 언어를 쓰는 게 유리합니다.

수많은 사람이 우리 서비스에 가입하게 만드는 게 첫 번째 단계입니다. 이 사업으로 돈을 벌려면 사용자들의 관심과 시간을 확보해야 하니까요. 수많은 사용자를 끌어들일 방법이 무엇일까요?

사람들이 우리 서비스에 관심을 보이도록 유도해야 합니다. 그러기 위해 몇몇 인플루언서와 유명인에게 돈을 주고 '스크린 브레인'에 포스팅하라고 부탁할 겁니다. 걱정하지 마세요. 그들이 자기가 받은 돈보다 더 많은 돈을 벌게 해 줄 거예요. 인플루언서마다 팔로워가 수만 명에서 수십만 명이 되는데, 그들 중 상당수가 우리 서비스에 가입할 거거든요.

또 우리 플랫폼에 링크를 걸고 콘텐츠를 공유하는 게 쉬워야 합니다. 그래야 여기저기에 우리 서비스가 알려질 것이고, 더 널리 알려질수록 더 많은 사람이 우리 서비스에 가입하려고 할 테니까요.

마지막으로 좋은 콘텐츠가 많아야 하는데, 그건 걱정할 필요가 없습니다. 우리 사용자들이 얼마든지 올려 줄 거예요. 그것도 공짜로요. 돈을 받고 광고도 포스팅해 줄 겁니다. 하지만 광고가 너무 많으면 사용자들이 피곤해지니까 잘 조절해서 올려야 합니다.

자, 준비가 끝났으니 '스크린 브레인'을 출시하고 좋은 결과를 기대해 보죠.

사용자 이용 요령

우리가 '스크린 브레인'에서 판매하는 것은 사용자의 시간과 관심입니다. 그러려면 먼저 사용자가 자기 시간과 관심을 우리에게 주도록 만들어야 해요. 그렇게 하는 방법은 여러 가지입니다.

한 가지는 무한 스크롤입니다(67쪽을 보세요.). 사용자가 보는 페이지에 끝이 없게 만드는 거죠. 또 다른 방법은 사용자가 보고 싶은 것을 사용자가 원할 때가 아니라 우리가 원할 때 제공하는 겁니다. 우리에게 가장 효과적인 순간에 사용자가 그것을 보도록 해야 합니다.

예를 들어 보겠습니다. 누군가가 한 포스트에 '좋아요'를 보내도 그 포스트를 올린 사람이 그 즉시 엄지손가락이나 하트를 보게 해서는 안 됩니다. 몇 초나 몇 분쯤 기다리게 만들어야죠. 그러면 사용자는 자기 포스트에 대한 반응이 궁금해 몇 번이고 확인하게 됩니다. 그러는 동안 우리는 알림을 보내 사용자가 적절한 간격으로 '스크린 브레인'을 방문하도록 유도할 수 있습니다.

뭐니 뭐니 해도 우리의 가장 강력한 무기는 알고리즘입니다. 알고리즘은 어떤 것을 누구에게 언제 보여 줄지 통제하는 컴퓨터 프로그램입니다.

당연히 우리는 사용자들이 가장 많이 팔로우하는 사람이 올린 포스트를 가장 많이 보여 주어야 합니다. 글보다는 사진이 좋고, 사진보다는 동영상이 더 좋습니다. 우리 플랫폼에 동영상이 더 많이 게시되어야 한단 뜻이죠.

우리는 '스크린 브레인'에서 사용자들이 하는 활동을 샅샅이 추적합니다. 강아지 동영상을 많이 보는 사용자에게는 그런 동영상을 더 많이 제공합니다. 사용자들이 다른 인터넷 사이트에서 무얼 하는지도 면밀하게 살핍니다. 그들이 어느 사이트를 자주 방문하고 얼마나 오래 머무는지도 알아내죠.

사용자들이 많이 팔로우하는 연예인이나 인플루언서는 누구인가? 어떤 기사를 클릭하는가? 어떤 포스트를 올리는가? 패션인가, 스포츠인가, 여행인가?

이 모든 정보를 분석하여 알고리즘이 각 사용자에게 어떤 포스트를 제공할지 결정합니다. 사용자마다 자신에게 맞춘 '스크린 브레인' 버전을 받게 되죠. 맞춤형 '스크린 브레인'이 제공하는 포스트는 당연히 사용자의 주의를 끕니다. 이런 방법으로 구매자에게 판매할 사용자의 관심을 확보합니다.

빅데이터

과거에는 불가능했지만 오늘날에는 사람들에 대해 엄청나게 많은 정보를 수집할 수 있습니다. 이 정보를 빅데이터라고 부르며, 그 양이 어마어마한 속도로 증가하고 있습니다. 그에 따라 알고리즘은 날마다 점점 더 정확해집니다.

사실 우리가 자신이 생각하는 것처럼 그렇게 특별하지 않기 때문이죠. 연령대와 사는 곳이 비슷하고, 게다가 관심사까지 같은 사람들은 보통 같은 것을 읽거나 보고 싶어 합니다.

한 사람이 한 집단에만 속하는 건 아니지 않냐고요? 맞습니다. 여러분은 청소년이자 게임광인 동시에 반려견 동호회 회원이면서 동양인일 수 있습니다. 우리 모두 다양한 여러 집단에 동시에 소속되어 있죠. 빅데이터(어마어마한 양의 데이터가 가지는 힘)의 도움을 받으면, 전파하려는 메시지에 딱 맞는 집단을 찾아낼 수 있습니다. 그 메시지가 광고일 수도 있고 어떤 사안에 대한 의견일 수도 있죠.

세 가지 버튼

'스크린 브레인'의 고객들이 빅데이터로 선정한 집단에 자신들의 메시지를 가장 잘 전달할 방법이 있을까요? 우리는 고객들에게 세 가지 버튼이 있다는 걸 알려 줄 수 있습니다. 세 가지 버튼 모두 사용자의 뇌로 들어가는 지름길을 열어 주는데, 우스울 정도로 잘 작동합니다. 셋 다 감정을 이용합니다.

첫 번째는 '화를 불러일으키는 버튼'입니다. 사람들은 온라인에서 무언가에 대해 화내는 걸 좋아합니다. 현실 세계에서 함부로 화를 냈다간 여러 문제가 생기지만, 온라인에서는 그럴 걱정 없이 내부의 분노와 실망감을 쏟아 내는 게 좋기 때문입니다. 이런 식으로요. "뭐라고? 그놈들이 멸종 위기 수달의 유일한 번식지를 지나는 고속도로 건설 계획을 세웠다고?! 이 사실을 전 세계에 알려야 해. 나도 공유할게!"

두 번째는 '두려움을 느끼게 하는 버튼'입니다. 이 버튼은 여러 용도로 사용할 수 있습니다. 광고에 쓸 수도 있죠. "이 셔츠를 사는 게 좋겠어. 다들 입는데 나만 안 입었다간 유행에 뒤처진 사람이 될 거야." 정치적 메시지를 전파하는 데 쓸 수도 있죠. "오 이런! 세상이 곧 망할 거 같아! 나도 뭔가 해야겠어!" 이건 이 버튼이 작동하는 두 가지 예에 불과합니다.

세 번째 버튼은 좀 더 교묘하게 작동합니다. 이건 '내가 이미 믿는 것을 증명하는 버튼'이라고 부르면 되겠군요. 인간은 새로운 정보와 지식에 관심이 있습니다. 하지만 자신이 이미 안다고 생각하는 바를 확증해 주거나 증명해 주는 정보를 더 좋아합니다. 이런 식이죠. "그럼 그렇지, 이 사건도 외국인 노동자가 범인이었어. 내 생각이 맞다니까!"

세 번째 버튼은 우리를 위험한 길로 이끌 수도 있습니다.

의견의 장벽을 세우는 알고리즘

우리가 만든 '스크린 브레인' 사용자들은 각자 다른 경험을 합니다. 우리 플랫폼의 알고리즘과 인공지능이 각 사용자가 좋아할 만한 것을 선택해서 보여 주기 때문이죠. 상당히 좋게 들리고 실제로 그런 면도 있습니다. 하지만 이건 사용자들이 항상 비슷한 포스트를 보고 같은 의견을 듣는다는 뜻이기도 합니다.

예를 들어 여러분이 지구가 평평하다고 믿는다고 해 보죠. '스크린 브레인'의 알고리즘은 여러분의 믿음을 확증해 주는 포스트를 아주 많이 보여 줍니다. 그것만 보면 여러분은 곧 의견의 장벽에 갇히게 됩니다. 자신이 옳다고 믿는 것만 읽고 보게 되는 거죠.

그러다 보면 다른 사람들도 자기처럼 생각한다고 믿게 됩니다. 실제로 그들은 완전히 다른 의견을 가지고 있는데도 말이에요. 여러분은 그 사실을 알아차리지도 못하고 이해하지도 못할 겁니다.

시간이 지날수록 여러분은 지구가 평평하다고 점점 더 굳게 믿게 되고, 전 세계 사람이 그렇게 믿는다고 생각하게 됩니다. 좋지 않은 일입니다.

가짜 뉴스

이제 우리는 모두 가짜 뉴스의 손쉬운 먹잇감이 되었습니다. 여러 연구에 따르면 가짜 뉴스가 진짜 뉴스보다 온라인에서 훨씬 빨리 퍼집니다. 이상할 게 없는 일입니다. 가짜 뉴스를 퍼뜨리려는 사람들은 사실 확인 따위에는 신경 쓰지 않으며, 관심을 끌 수 있다면 서슴없이 자기 포스트에 과장을 양념으로 뿌립니다.

우리 모두 스스로 자신을 지켜야 합니다. 그러지 않으면 수달이 새처럼 부리가 있고 알을 낳는다거나 하는 터무니없는 말을 믿게 될 겁니다. 다른 사람에 대한 편견도 심해질 거고요. 아무 근거가 없는데도 말이죠.

음모론

오늘날 인터넷에서 가짜 뉴스와 마찬가지로 들불처럼 퍼지는 게 음모론입니다. 인간이 달에 간 적이 없다는 것부터 외계인이 지구를 지배한다는 것까지 다양한 음모론이 있습니다.

누가 이런 걸 믿겠냐고요? 상상하는 것보다 훨씬 많은 사람이 음모론을 믿습니다.

음모론이 생기고 퍼지는 이유는 현대사회를 이해하는 게 매우 어렵기 때문입니다. 현대사회에서 벌어지는 모든 일이 너무 복잡하지요. 간단히 설명할 수 있는 일은 드뭅니다. 그럴 수밖에요. 우리가 사는 세상이 단순하지 않으니까요. 하지만 우리 인간은 이해하고 싶어 합니다. 이해할 수 없을 때는 우리가 이해할 수 있는 설명을 받아들입니다. 예를 들어서 현대 과학은 모두 허구라고(내가 이해하지 못하는 것은 아무도 이해하지 못한다.) 생각해 버리는 식이죠. 어떤 사건 뒤에는 사악한 음모가 있다고(세상에 온갖 문제가 생기는 이유는 정치인들이 우리를 실험하려는 외계 파충류이기 때문이다.) 믿는 것도 그런 설명입니다.

인간은 모든 일에 이유가 있다고 생각하는 경향이 있습니다. 그래서 고의로 모든 것을 망치는 악당이 있으며, 그 악당만 제거하면 온갖 문제가 해결될 거라고 믿고 싶어 하죠. 하지만 그렇게 해결할 수 있는 일은 거의 없습니다. 음모론 안에서나 가능한 일이죠.

SNS를 창조한 사람들은 사악한 의도로 그런 것이 아닙니다. 그들은 우리가 원하는 것을 제공하고, 플랫폼에 더 오래 머물게 함으로써 우리 시간과 관심을 팔고 싶을 뿐입니다. 그 목표를 달성하기 위하여 우리에 대한 정보를 최대한 많이 수집하고, 알고리즘과 인공지능을 이용하여 우리가 플랫폼에서 보는 포스트를 통제하는 겁니다.

배후에 도사리고 있는 악마는 없습니다. 단지 사업이 있을 뿐이지요. 인공지능은 수십억 명이 온라인에서 어떻게 행동하는지 분석하여 패턴, 트렌드, 방향을 찾습니다. 그 결과를 바탕으로 우리가 보거나 읽기 원하는 것을 우리에게 제공합니다. 어떤 때는 우리가 바라는 것이 무엇인지 우리보다 더 잘 아는 것 같습니다.

최근 들어 좀 변화가 생기곤 있지만, SNS 플랫폼의 인공지능은 기본적으로 우리에게 제공하는 것이 순전히 거짓이라도 상관하지 않습니다. 오로지 우리의 관심을 끄는 것에만 신경을 씁니다. 그렇게 하도록 프로그램되어 있기 때문입니다.

아마 인공지능을 프로그램한 사람들도 인공지능이 우리를

의견 장벽에 가두거나 음모론에 빠지게 한다고 생각하지는 않 았을 겁니다.

스크린 브레인 2.0

자 이제 우리는 무엇을 해야 할까요? 우리의 '스크린 브레인' 을 없애 버려야 할까요? 아니면 사용자들에게 다양한 의견을 제공하여, 그들이 새롭고 놀라운 사고를 할 수 있는 플랫폼으 로 바꾸어야 할까요?

우리가 전 세계에서 처음으로 거짓과 과장을 걸러 내고, 사 용자들의 분노와 공포를 조장하지 않는 플랫폼을 창조하면 안 될까요? 인류에게서 좋은 점을 찾기 위해 빅데이터를 뒤지는 인공지능을 창조하는 게 가능하지 않을까요? 꼭 해야 할 일입 니다.

> **밤에 잘 자면…**
> 이런 상황에서도 잠을 잘 자면 우리 뇌는 과거처럼 잘 작동합니다. 그러지 않 을 거 같다고요? 다음 장을 읽어 보세요.

chapter
10

늘 졸린 태오를 도와주세요

태오의 문제

◎ 밤에 너무 적게 잔다. 그 대신에 낮에는 깨어 있는 건지 자는 건지 구분이 잘
   안 되는 상태로 지낸다.

◎ 밤에 잠들기가 너무 어렵고, 아침에 일어나는 건 더 어렵다.

◎ 머리가 점점 멍해지는 것 같다. 할 일을 잊어버리기 일쑤고, 예전처럼 좋은
   아이디어를 거의 떠올리지 못한다.

* 늘 졸린 태오의 하루 *

아침

오늘도 8시가 되기 직전에 엄마가 태오 방으로 들어왔어요. 한 시간 전부터 몇 번이나 불렀는데 안 일어났거든요. 결국 직접 와서 깨울 수밖에 없었지요.

엄마는 커튼을 열어 햇빛이 태오 얼굴에 비치도록 하고는 이불을 휙 걷었어요. 그래도 태오는 잠에서 깨지 못했어요. 엄마는 태오를 억지로 일으켜서 앉힌 다음 침대 바깥으로 다리를 잡아당겼어요.

– "서둘러야 해! 15분 뒤에 수업 시작이라고!" 엄마가 말했어요.
– "일어났다고요, 엄마." 태오가 말했지요.

낮

태오는 학교에만 오면 시간이 천천히 흐르는 것 같습니다. 머릿속에 안개가 낀 것 같고 열도 조금 나는 것 같았어요.

점심시간에 축구를 하다가 한 여자애와 축구 규칙을 두고 다투고 말았어요. 사실 별로 중요한 문제도 아니었는데 말이에요. 그냥 모든 게 짜증스러울 뿐이었던 거죠.

오후 수업 시간은 왜 그렇게 천천히 흘러가는지, 태오는 꾸벅꾸벅 졸고 말았어요. 어디가 아픈 게 분명합니다. 손을 들고 집에 가겠다고 말하고 싶었지만, 그마저도 귀찮아서 그만두었어요.

저녁

잠자리에 들 시간이 되자 태오는 오히려 말똥말똥해졌어요. 침대에 눕는 대신에 컴퓨터를 켜고 게임을 했지요. 갑자기 몸이 정상으로 되돌아왔어요. 머리가 팽팽 돌아가고 손가락도 빠르게 움직였어요. 시간이 쏜살같이 지나갔어요. 태오만 빼고 식구들 모두 불을 끄고 잠자리에 누웠어요.

- "태오, 이제 불 끄고 자!" 엄마가 소리쳤어요.

태오는 어쩔 수 없이 불을 끄고 침대에 누웠어요. 불을 꺼도 스마트폰은 얼마든지 볼 수 있잖아요? 태오는 이불을 뒤집어쓰고 스마트폰을 켰어요. 그러고는 몇 시간이나 스크롤에 매달렸답니다.

이상하게 들리겠지만 뇌는 쉬는 법이 없습니다. 우리가 잠자는 동안에도 최대치로 작동하지요.

밤에 잠자는 동안에는 새로운 정보가 뇌에 유입되지 않습니다. 바로 그 시간에 뇌는 낮에 일어난 일을 검토하고 어떻게 처리할지 선택합니다.

모든 것을 기억했다가는 우리 뇌는 기억의 홍수에 빠지고 맙니다. 그런 사태를 피하려면 어떤 것을 기억하고 어떤 것을 버릴지 결정해야 합니다. 미래에 중요할 수 있는 모든 것이 저장 항목으로 선택됩니다. 우리가 학습한 것, 강한 반응과 감정을 불러일으켰던 것이 이에 해당합니다. 왜냐하면 미래에도 비슷한 경험을 할 텐데, 그럴 때 과거 경험과 연결할 수 있으면 도움이 되기 때문이지요.

저장하기로 선택한 모든 항목에는 나중에 쉽게 찾을 수 있도록 꼬리표를 붙여 둡니다. 그런 다음 뇌의 여러 영역으로 보내서 저장합니다.

그렇다면 기억할 가치가 없는 것은 어떻게 처리할까요? 버립니다. 뇌에서 삭제하는 거죠.

잠을 자면 우리는 더 차분해집니다. 더 안정적인 감정 상태가 되죠. 아마도 어렵고 불쾌한 생각과 감정을 잘 다룰 수 있는 평온한 시간이 잠잘 때인 것 같습니다.

우리가 꿈꿀 때, 뇌의 경보 센터인 편도체가 가끔 활성화되지만, 그럴 때도 스트레스 호르몬 수치는 낮게 유지됩니다. 우리가 두렵고 어려운 일을 처리하면서도 거기에 감정적으로 휩쓸리지 않는 방법이 바로 꿈입니다. 마치 짝사랑으로 괴로운 심정을 신뢰하는 사람에게 말하는 것과 비슷합니다.

감정을 말로 표현하고 동감하는 말과 좋은 조언을 들을 때 우리는 더 차분해집니다. 우리 모두 아는 이런 사실을 뇌도 잘 알고 있습니다.

우리가 잠자는 동안 뇌에서 벌어지는 일 - 3부

우리가 잠자는 동안 우리 뇌에 있는 여러 경계가 좀 느슨해집니다. 여러분도 잘 아는 것처럼 우리는 잠을 자면서 정말 이상한 꿈을 꿉니다. 때로는 우리 뇌가 말도 안 되는 온갖 아이디어를 시도해 보고 폐기하는 것 같습니다. 우리가 브레인스토밍이라고 부르는 걸 뇌가 수면 중에 실행하는 거죠. 브레인스토밍은 창의성의 중요한 부분입니다.

중요한 결정을 내리기 전에 잠을 자라는 말을 들어 보았죠? 흥미롭게도 가끔 이 방법이 실제로 효과가 있습니다. 까다로운 문제에 대한 해결책이 잠자는 동안 떠올라서 깨어났을 때는 해결할 준비가 되는 거죠.

우리가 잠을 잔다고 해서 뇌까지 자는 것은 아닙니다.

수면 유형

사람들이 통나무처럼 쓰러져 갔다고 말하곤 하지만, 실제로 그렇게 자는 사람은 없습니다. 적어도 밤새 그러지는 않죠. 거의 깬 것이나 다름없는 얕은 잠을 잘 때도 있고, 꿈을 꿀 때도 있으며, 아주 깊은 수면 상태에 들어가기도 합니다.

좀 더 단순하게 말하면, 깊은 수면(통나무처럼 자는 상태)과 꿈 수면이 번갈아 나타납니다. 이렇게 두 수면 유형이 한 번씩 번갈아 나타나는 것을 수면 주기 또는 수면 사이클이라고 합니다. 한 수면 주기는 보통 90분가량 유지되며, 한 주기가 끝나면

다음 주기가 시작됩니다.

막 잠이 들었을 때 수면 주기는 대부분 깊은 수면으로 이루어집니다. 시간이 지날수록 꿈 수면 시간이 점점 길어집니다. 태오한테는 안 좋은 소식입니다. 꿈 수면이 기억과 창의성, 그리고 감정을 안정시키는 데(태오가 축구를 하다가 싸운 일을 떠올려 보세요.) 중요하기 때문입니다. 태오는 잠을 너무 짧게 자기 때문에 대부분 깊은 수면 상태에 있다가 꿈 수면을 경험하지 못한 채 깨는 셈입니다.

게다가 꿈 수면 상태에서 잠이 깨면 기분이 더 상쾌합니다. 태오는 거의 경험할 수 없는 일이지요.

빠른 눈 운동

꿈 수면을 렘(REM) 수면이라고 부르기도 합니다. 렘(REM)은 빠른 눈 운동 (Rapid Eye Movement)의 줄임말입니다.

꿈꾸는 사람의 얼굴을 관찰하면 눈꺼풀 뒤에서 눈동자가 빠르게 움직이는 게 보입니다. 하지만 몸의 나머지 부분은 마치 마비된 것처럼 움직이지 않지요. 우리가 자발적으로 움직일 수 있는 근육에 연결된 신경은, 눈 근육과 연결된 신경만 정확하게 빼고, 스위치가 꺼진 상태입니다. 만약 우리가 꿈 속에서 움직이는 것처럼 실제로 몸을 움직인다면, 정말 큰일이 날 겁니다.

빛은 수면의 적

태오는 활동일주기에 분명히 문제가 있습니다. 깨어 있는 시간이 점점 길어지고, 그만큼 잠을 자는 시간은 짧아집니다.

활동일주기는 주로 멜라토닌이라는 호르몬이 조절합니다. 우리 몸에 잠잘 시간이 되었다고 알려 주는 게 이 호르몬의 역할이죠. 낮에는 멜라토닌 수치가 낮고, 밤이 되면 올라갑니다.

멜라토닌 수치는 햇빛에 의해 조절됩니다. 해가 지면, 몸이 멜라토닌을 생성해 우리가 잠잘 준비를 하도록 합니다. 자연에서는 아주 잘 작동하는 방식입니다. 하지만 집에는 인공조명이 있습니다. 온갖 전등에다가 스크린 기기까지 있죠. 이런 빛이 멜라토닌 생성을 억제합니다. 따라서 밤에 전등과 스크린을 끄지 않으면 우리 몸이 '잠잘 시간이라는 신호'를 충분히 받지 못합니다.

게다가 10대 청소년의 활동일주기는 자연적으로 변화합니다. 청소년이 되면 점점 저녁형 인간이 되며 아침에 상쾌하게 일어나기가 힘들어집니다. 하지만 10대는 기분 좋은 상태를 유지하기 위해서 잠을 많이 자야 하는 시기이기도 합니다. 대략 하루에 9시간에서 10시간의 수면이 필요하지요. 10대인 태오

한테는 이것도 좋은 소식이 아니군요.

블루 라이트

스크린 기기는 블루 라이트를 방출합니다. 그래서 수면에 문제를 일으키죠. 과거 우리 조상들은 구름 한 점 없는 파란 하늘을 볼 때나 블루 라이트에 노출되었습니다. 유감스럽게도 우리 뇌에서 수면과 각성을 조절하는 시스템은 지금도 블루 라이트를 낮으로 인식합니다.

우리 눈에는 블루 라이트에 특히 민감하게 반응하는 세포들이 있습니다. 이 세포들은 스크린에서 나오는 블루 라이트를 감지하면, 뇌에 멜라토닌 생성을 멈추라는 신호를 보냅니다(아직 하늘이 파란 낮이니까요.). 그러면 우리 몸의 생체 시계가 세 시간 전으로 되돌아가지요. 스크린 기기를 끈 뒤에도 그 영향이 오래 지속된단 뜻입니다.

1시간 줄어든 잠

태오만 너무 적게 자는 건 아닙니다. 수면 문제로 도움을 구하는 사람들이 빠르게 늘고 있습니다. 수면 시간이 점점 줄어드는 어린이들이 겪는 문제가 특히 심각하죠. 20개국 어린이를 대상으로 대규모 조사를 한 결과, 오늘날 어린이의 평균 수면 시간은 10년 전보다 하루에 1시간이나 줄었습니다.

이 현상의 주요 원인은 스마트폰입니다. 스마트폰을 만지작거리면 얼마나 시간이 빠르게 지나가는지 다들 알죠? 하지만 스마트폰 조작만 문제를 일으키는 건 아닙니다. 스마트폰을 침대 옆 탁자에 두기만 해도 수면 시간이 줄어듭니다. 4학년에서 6학년까지 초등학생들을 대상으로 조사한 결과, 21분이 줄었습니다.

이미 여러 차례 스마트폰을 옆에 두는 게 어떤 효과를 내는지 보았으니 왜 이런 현상이 생기는지 알 겁니다. 우리는 무언가 흥미롭거나 중요한 일이 생겼는데 자기만 그걸 놓치는 걸 두려워합니다.

실제로 많은 사람이 잠을 자다가 스마트폰을 확인하고 다시 잠을 청합니다. 심지어 하룻밤에 10번이나 그러는 사람도 있습니다. 그래서는 충분히 쉴 수가 없지요.

잠을 너무 적게 자면 기억, 기분, 창의적 사고에 문제가 생깁니다. 문제는 이것만이 아니지요. 하지만 우리 몸과 뇌는 잘 회복합니다. 적절한 조처를 한다면 말이죠. 그러니까 가끔 잠드는 게 힘들다고 해서 재앙이 온 것처럼 생각할 필요는 없습니다. 며칠 잘 자면 다시 정상 상태로 돌아옵니다.

어둠 속에 가만히 누워 있는 것도 휴식이 됩니다. 단, 불을 끄고 스마트폰은 멀리 치워 놓아야 합니다.

XXXXXXXXXXXXXXXXXXXXXXXXXXXXXXXXXX

* 잠이 부족한 태오를 돕는 방법 *

태오가 더 활기차고, 덜 짜증 내고, 더 차분하고, 더 창의적인 사람이 되면 좋겠죠? 그러려면 태오가 더 오래 푹 자야 합니다. 태오에게 이렇게 하라고 알려 주세요.

1. 저녁에는 스위치 끄기

베개에 머리를 누일 때까지 조명을 켜 둘 필요는 없습니다. 어두울수록 더 많은 멜라토닌이 생성되고, 잘 잠들 가능성이 그만큼 커집니다.

초저녁부터 시작해서 서서히 조명을 줄이면 더 좋은 효과를 볼 수 있어요. 마치 해가 지는 것처럼 보일 테니까요.

2. 저녁은 잠잘 준비를 하는 시간

태오는 저녁 시간을 잘 보내야 합니다. 저녁마다 할 일과를 정해 놓고 그대로 따르는 게 좋습니다(가능하면 같은 순서로). 그러면 몸과 뇌가 잠잘 시간이 다가온다는 걸 인식하게 돼요.

3. 제때 스크린 기기 끄기

적어도 잠자리에 들기 1시간 전부터는 블루 라이트를 보지 않아야 합니다. 이걸 지키려면 사전에 계획을 세우는 게 좋습니다.

4. 스마트폰 치우기

태오에게 침대에 눕기 전에 스마트폰을 멀리 치워 두라고 말해 주세요. 그래야 잠들기 전에 마지막으로 스마트폰을 확인하고 싶은 유혹을 물리칠 수 있습니다. 혹시 중간에 깨더라도 스마트폰을 집어들 일도 없고요. 가장 좋은 방법은 스마트폰을 다른 방에 두는 것입니다.

태오한테 생일 선물로 알람 시계를 주는 것도 좋은 방법입니다. 그러면 태오가 기상 알람 때문에 스마트폰이 필요하다는 핑계는 못 댈 거예요.

5. "기다려도 괜찮아!"

아마 태오는 인정하지 않을 테지만, 밤에는 태오 친구들한테 중요한 일이 거의 일어나지 않습니다. 태오가 당장 확인해야 할 일은 더더욱 일어나지 않죠. 태오한테 이렇게 말해 주세요. "내일까지 기다려도 괜찮아!"

주의!

친구가 게임을 좋아한다면, 밤은 새로운 걸 배우기에 매우 나쁜 시간이라고 알려 주세요. 우리 몸과 뇌는 밤에는 휴식을 취하고 에너지를 최대한 아끼면서 작동하도록 설정되어 있습니다. 밤이 되면 집중력은 떨어지고, 반사 신경이 느려지며, 빠른 판단을 내리는 능력도 저하됩니다. 에너지 드링크는 도움이 안 됩니다. 잠들지 않고 좀 더 오래 버틸 수는 있지만, 하는 일의 질은 여전히 형편이 없습니다. 이 사실을 꼭 태오에게 말해 주세요.

태오가 아주 쌩쌩할 때 게임 한 판 하자고 도전해 보세요. 태오 스스로 차이를 확실히 느낄 겁니다.

chapter
11

미래의 스크린 브레인

디지털 칼로리

과거에는 칼로리가 풍부한 음식을 최대한 빨리 섭취하는 것이 좋은 일이었습니다. 언제 다시 먹을 기회가 올지 아무도 몰랐던 조건이었으니까 그러는 게 현명한 선택이었지요. 하지만 오늘날에는 꽤 나쁜 전략입니다.

오늘날 우리는 칼로리는 풍부하지만 영양 측면에서는 거의 아무것도 제공하지 않는 음식을 많이 섭취합니다. 이런 음식을 너무 많이 먹으면 – 그러면서도 칼로리를 너무 적게 소비하면 – 필요 이상으로 뚱뚱해지고 아프게 됩니다.

이 문제는 해결할 수 있습니다. 더 좋은 음식을 먹고, 단것과 탄산음료를 줄이세요. 그리고 더 많이 움직이세요. 아주 간단합니다.

이번에는 마치 단것만 먹는 것처럼 디지털 칼로리를 섭취하면 어떤 일이 생길지 생각해 봅시다. 우리가 사소한 도파민 분비를 일으키는 행동을 할 때마다 뇌는 우리에게 보상을 줍니다. 그 결과로 우리는 점점 더 많은 시간을 스크린 터치에 소비하게 되지요. 우리 기분을 좋게 해 주는 운동, 취미 활동, 친구와의 만남에 쓸 시간마저 배앗깁니다.

우리는 자기 몸과 뇌가 망가지는 것도 모르고 온종일 스크린만 두드리는 멍청한 존재가 되고 마는 걸까요? 글쎄요, 좀 더 자세히 연구할 필요가 있겠군요.

시간이 지나면 익숙해지지 않을까요?

운동을 하면 근육이 커지고 그만큼 더 무거운 걸 감당할 수 있게 됩니다. 뇌도 그렇게 되지 않을까요? 예를 들어, 뇌가 몇 년 동안 스크린 기기에 익숙해지면, 그 뒤로는 쉽게 주의가 흐트러지지 않는 능력을 갖추게 될까요?

안타깝게도 그렇게 되지는 않습니다. 오히려 반대죠. 작게 조각난 정보들에 주의를 빼앗기는 기간이 길어질수록 큰 덩어리 정보에 집중하고 그것을 받아들이는 능력은 떨어집니다.

사탕이 짧은 순간 허기를 달래 주기는 하지만 장기적으로는 진짜 음식을 먹어야 합니다. 물론 진짜 음식을 소화하려면 근육도 많이 쓰고 시간도 더 걸립니다. 마찬가지로 우리 뇌에도 달콤한 사탕 같은 도파민 분비가 아니라 적절한 영양분을 공급해 줘야 합니다. 그래야 건강해지지요. 스크린 타임은 줄이면 줄일수록 좋습니다.

우리는 점점 멍청해지고 있을까요,

아니면 똑똑해지고 있을까요?

약 100년 전인 20세기 초반부터 지능을 검사하기 시작했습니다. 우리가 100년 전 지능검사 시험을 보면 아주 좋은 결과가 나올 겁니다. 우리가 그만큼 똑똑해진 걸까요?

아닙니다. 우리가 지능검사에 쓰이는 특정한 사고 유형을 더 많이 연습한 것뿐입니다. 무엇보다 100년 전 사람들보다 우리가 학교를 훨씬 오래 다닙니다. 인간 뇌의 재능은 지난 수천 년 동안 거의 변화가 없었습니다.

지능검사가 시작된 이후로 인간 지능은(적어도 검사한 영역에서는) 상당히 높은 수준으로 계속 향상되었습니다. 하지만 20년 전부터 변화가 생겼습니다. 검사 결과가 낮아지기 시작한 겁니다. 큰 폭으로 떨어진 건 아니지만 걱정할 만한 수준이었고, 하락은 그 뒤로도 이어졌습니다.

정확한 원인은 밝혀지지 않았지만 세 가지 가능성이 있습니다. 첫째, 학교에서 과거만큼 독서를 강조하지 않고 독서에 많이 투자하지도 않습니다. 둘째, 우리가 훨씬 덜 움직입니다(뇌에 정말 좋은 영양제가 바로 운동이지요.). 셋째, 홍수처럼 밀려오는 온갖 정보를 분류하고 처리하는 데 어려움이 있습니다.

요약하자면, 뇌 자체가 똑똑해지거나 멍청해지는 게 아니라 지금 생활 방식이 과거와는 크게 달라졌고, 그 변화를 뇌가 감당하기 힘들어하는 것입니다.

갓난아기를 보고 혀를 내밀면 아기가 그 동작을 따라서 합니다. 우리 뇌에 거울 신경세포라고 부르는 특별한 뇌세포가 있어서 이런 모방이 가능합니다. 거울 신경세포의 도움으로 우리는 모방을 통해서 배웁니다.

거울 신경세포 덕분에 다른 사람의 감정도 이해할 수 있습니다. 문틈에 손가락이 끼인 사람의 사진을 보여 주면, 우리 뇌는 그 사람의 뇌와 비슷하게 반응합니다. 고통을 느끼지는 않지만 마음이 불편해지죠.

이와 같은 방식으로 우리는 다른 사람의 기쁨, 슬픔, 두려움을 느낄 수 있습니다. 우리 내부에 다른 사람을 이해하려는 타고난 욕구가 있는 셈이죠.

뇌는 다른 사람이 하는 말뿐만 아니라 눈 움직임, 표정과 자세 등 수많은 정보를 수집합니다. 그 정보를 바탕으로 다른 사람이 무엇을 느끼고 생각하는지 판단하죠. 이게 마음 이론입니다. 다른 사람의 머릿속에서 어떤 일이 벌어지는지 파악하는 우리 내부의 능력이지요.

우리는 왜 이렇게까지 다른 사람을 이해하려 할까요? 우리가 무엇을 말하고 어떻게 행동할지 결정하는 데 도움이 되기 때문입니다. 우리는 어린이 때부터 타인을 이해하는 훈련을 합니다. 청소년기에는 더욱 활발하게 하지요. 가장 좋은 훈련 방법은 다른 사람과 얼굴을 마주 보고 만나는 겁니다.

공감

어떤 사람이 좋은 사람일까요? 많은 사람이 친절은 공감 능력, 즉 다른 사람의 감정을 이해하는 능력에서 나온다고 말할 겁니다. 이미 살펴본 것처럼, 공감 능력의 기초는 마음 이론입니다.

마음 이론은 현실에서 사람들을 만날 때 가장 잘 훈련되는데, 하루에 네다섯 시간씩 스크린을 바라보면 어떤 일이 생길까요?

미국에서 실시한 한 조사에 따르면, 대학생들의 공감 능력이 1980년대 이후로 떨어지고 있습니다. 어려운 시기를 보내는 사람들을 보고 안타까움을 느끼는 능력과 타인의 시선으로 세상을 바라보는 능력 둘 다 떨어졌습니다. 초등학교 4학년에서 6학년과 중학생을 대상으로 한 조사에서도 같은 결과가 나왔습니다.

　요즘 우리가 스크린 기기를 너무 오래 사용하는 게 원인일까요? 물론, 확실히 그렇다고 말할 수는 없습니다. 아마도 여러 원인이 복합적으로 작용했겠죠. 이유가 무엇이든 이 현상을 특별히 주의를 기울여서 살펴보아야 합니다. 사람들의 공감 능력이 높아질 때 – 낮아지는 게 아니라 – 우리 세상이 더 살기 좋은 곳이 되기 때문입니다.

결정하는 주체는 우리입니다

　142쪽에 나오는 것처럼, SNS가 우리 삶을 집어삼키고 있는 현실 뒤에 사악한 음모 같은 것은 없습니다. SNS 회사가 한 일은 우리 관심을 가장 잘 끌어당기는 알고리즘을 개발한 것뿐입니다. 물론 우리 관심을 팔려는 의도는 있었지만요.

　여기에 핵심이 있습니다. 우리가 관심을 다른 곳으로 돌리면 (우리가 가짜 뉴스와 음모론을 공유하고 퍼뜨리는 일을 멈추면) 지금과는 완전히 다른 SNS를 갖게 될 것입니다. 우리가 더 친절한 말로 댓글을 달면, 알고리즘이 이를 알아채고 분노를 유발하는 포스트를 더는 추천하지 않을 겁니다. 이 밖에도 우리가 할 수 있는 일은 많습니다.

SNS를 어떤 방향으로 이끌지 결정하는 주체는 결국 사람입니다. *여러분에게 결정권이 있습니다. 그걸 활용하세요.*

우리가 할 일은?

8세부터 11세 사이의 어린이 4,000명을 대상으로 기억력, 집중력, 언어 능력을 테스트했습니다. 모두 사는 데 꼭 필요한 능력이지요.

스크린 기기를 하루에 2시간 이하로 사용하는 어린이들이 훨씬 좋은 성적을 거두었습니다. 하루에 9시간에서 11시간을 자는 어린이들도 마찬가지였고, 몸을 활발하게 움직이는 어린이들 역시 좋은 성적을 냈습니다.

따라서 결론은 아주 간단합니다. 하루에 적어도 1시간은 운동을 하고, 9시간에서 11시간을 자고, 스마트폰과 스크린 기기는 하루 최대 2시간까지만 사용하십시오. 이거면 충분합니다.

마지막으로 부탁합니다

우리가 사는 세상은 복잡합니다. 집중하는 능력이 금보다 더 소중한 세상이지만, 정작 우리 집중력은 점점 나빠지는 것 같습니다.

오늘날에는 손가락만 몇 번 움직이면 세상 모든 지식에 접근할 수 있습니다. 우리에게는 뇌와 함께 사용하면 이전에는 상상하지 못했던 막강한 힘을 발휘할 디지털 도구가 있습니다. 바로 우리 손안에 있죠.

지금 우리는 그 도구를 올바로 이용하고 있을까요? 아니면 이 책 첫 부분에 나오는 옆 동네에 사는 이모처럼 스크린 기기에 적응하는 데 애를 먹고 있을까요?

이제 책이 거의 끝나 갑니다. 여러분이 스크린 기기와 우리 뇌가 어떻게 협력할 수 있는지 잘 배웠으면 좋겠습니다. 협력 관계를 한 차원 더 높은 수준으로 끌어올릴 방법도 찾았으면 좋겠군요. 그럴 만한 가치가 충분히 있는 일이니까요.

　기술을 올바로 이용하면 우리에게는 거의 초능력에 가까운 능력이 생깁니다. 그 능력으로 세상을 바꿀 영화, 미술, 음악을 만들 수 있습니다. 수백만 명의 삶을 개선할 앱과 프로그램을 연구하고 개발할 수도 있지요. 무언가를 자세히 배우거나 멋진 영화를 감상하거나 친구들과 연락을 주고받거나 환상적인 게임을 즐기는 것도 가능합니다. 이 모든 일이 손가락을 몇 번 움직이면 이루어집니다. 기술 세계에서는 스크린 기기가 우리의 둘도 없는 친구입니다. 그렇지만 결정은 스크린 기기가 아니라 여러분이 스스로 내려야 합니다.

　아마 이 책을 읽은 여러분은 이미 그렇게 하고 있을 겁니다. 하지만 주변에는 여러분이 도와주어야 할 친구들이 있습니다. 늘 졸린 태오, 집중력 제로 지오, 시간에 쫓기는 재이 같은 친구들 말입니다. 함께 사는 우리 세상을 위해서 친구들을 도와주세요.

10대를 위한 뇌 과학 수업
스마트폰에 빼앗긴 집중력을 찾아라

초판 1쇄 발행 2024년 11월 25일
지은이 안데르스 한센, 맛스 벤블라드
그린이 최진영
옮긴이 신동규
디자인 이아진
펴낸이 이선아 신동경
펴낸곳 판퍼블리싱
출판등록 2022년 9월 21일 제2022-000007호
주소 서울시 마포구 연남로3길 73-6 2층
이메일 panpublishing@naver.com
팩스 0504-439-1681

ISBN 979-11-988986-3-0 44180
      979-11-983600-1-4(세트)